MINOGE Nº134

Cover PHOTO:
Kuniyoshi Taikou

［休載］坂本一弘『馬乗りゴリラビルジャーニー』は、聞き手・井上の一身上の都合により休載とさせていただきます。

 © プロレスリング・ノア

PETIT KASHIMA

俺の人生にも、一度くらい幸せなコラムがあってもいい。

VOL.133

KAMINOGE COLUMN

「どうする藤波」

プチ鹿島

プチ鹿島（ぷち・かしま）1970年5月23日生まれ。芸人。『ヤラセと情熱 水曜スペシャル「川口浩探検隊」の真実』（双葉社）が発売後から大好評です。

藤波辰爾についてあらためて最近よく考える。このあいだはラジオの収録中に考えた。私はTBSラジオで『東京ポッド許可局』という番組をマキタスポーツ、サンキュータツオと3人でやっているのだが、今年の一発目は元日だった。なので正月企画として「東京ポッド許可局的音楽の日」をおこなうことにした。いままで番組内で流してきたゴキゲンな曲をかけたのだ。ただ流すだけではもったいないので「山本小鉄歌謡」や「アスリート歌謡」と銘打ってプレゼンした。山本小鉄歌謡とは受け身がとれない危険な曲を指す。かつて小鉄さんが危険な技を見たときに「あ、危ないですよ」と解説席で叫んだように、その曲が流れ出すと「あ、音程が危ないですよ」と言いたくなる歌い手や曲のことである。

この日に流した山本小鉄歌謡は『キミに決定／田原俊彦』であり『新宿純愛物語／仲村トオル・一条寺美奈』であり、『ドリームラッシュ／宮沢りえ』だった。どれも「あ、危ないですよ」と小鉄さんの声が聞こえた。念のために言っておくと歌のヘタさを笑うのが目的ではない。ピュアさを愛おしく感じて聴くことが大事なのだ。そうすると心が平和になる。マキタスポーツは「音程のはじめてのおつかい」と評した。

次に「アスリート歌謡」というジャンルだが、これは文字通りプロ野球選手や力士、ゴルファーなどが歌う曲のこと。若い頃の原辰徳のどこまでも呑気な歌声や、タニマチ相手に鍛えたであろう増井山、ジャンボ尾崎の歌いっぷりに聴き惚れるのである。そうそう、長嶋茂雄がZARDやWANDSらと共演した『果てしない夢を』をご存じだろうか。日本テレビ系『劇空間プロ野球93』のテーマソングだったが、まさに歌声のメイクミラクルだった。

となると、さらなるインパクトを求めて大トリに登場するのはやはりというべきか藤波辰爾の『マッチョ・ドラゴン』なのであった。あらゆる媒体でさんざん紹介された曲だが何度聴いても凄いものは凄いのである。「あいかわらず破壊力が抜群だなぁ」と思いながら、私はここでふと藤波辰爾のレスラー人生を考えたのである。

いまさら言うまでもないが、藤波は相手を光らせる才能を持つレスラーだ。長州力、前田日明も藤波と対戦することで名勝負を生み、プロレスラーとして上がっていった。その一方で藤波を熱心に応援する身としては常に相手を光らす藤波に「もっと自己本位で自由に暴れてくれてもいいのに」と思う自分もいた。受けの美学が藤波の見どころだとわかっていても、自分中心にインパクトをまき散らす藤波も見たかったのだ。でも藤波には節度があった。試合をぶち壊されて「こんな会社辞めてやる」と言っても辞めない藤波が切なくて好きだった。しかし気づいたのである。令和のいまも続く『マッチョ・ドラゴン』の話題騒然ぶりや、あの曲の破壊力に参る人々を見ると「藤波はここでやりたい放題じゃないか、自由じゃないか」と。マッチョドラゴンに〝変身〟したとき、藤波の大暴れはハンセンもブロディも超えた。あの曲がかかると藤波はブレーキが壊れて相手をぶっ飛ばす立場になるのだ。プロレスラーの引き出しとはこんなに幾つもあるものなのか。

あらためて振り返ると、最近も藤波辰爾の話題は尽きない。アントニオ猪木が亡くなった日、藤波は猪木の得意技だったコブラツイストで勝利し、試合後に号泣した。「ひと言では語れない。親よりも長く一緒にできた。幸せです。プロレスのすべてが猪木さん。人生そのものでした」と述べた。その様子は多くのファンの心を鷲掴みにしたが、よく考えれば多くのライバルや仲間が引退したいまもこうしてしっかりとリングに立っているという事実が驚異的だった。

プロレスラーで誰が最強かという話はファンの大好物だが、誰よりも最後までリングに立つのも強さのひとつとすれば、藤波はついに天下を取ったと言えまいか。名著『俺が天下を取る―全日プロへ戦闘宣言』（1985年）を出版して37年目の天下取りである。さらにそのあと藤波はビッグマッチを迎えた。2022年12月1日にデビュー50周年記念ツアー最終戦（代々木第二体育館）をおこなって棚橋弘至と対決した。またしても話題の中心となった藤波。

試合前のセレモニーで集結した仲間たちは、激闘の証として歩くのも大変そうな人も多かった。しかしメンバーの中でもキャリアが上位の藤波はこれから試合を迎えようとしている。その事実にしみじみしてしまった。まるで藤波が愛する徳川家康のような粘り強さではないか。藤波は2014年におこなわれた還暦を祝う会では徳川家康のコスプレで登場した。「これからも元気でリングに立てるよう精進したい」（日刊スポーツ）と現役続行を宣言したが、あれから9年が経過した。「藤波家康」はいまもリングに立っている。そういえば今年のNHK大河ドラマは『どうする家康』だ。思えば藤波のレスラー人生も「どうする藤波」という場面が多かった。ファンをやきもきさせた人生の選択がいろいろあった。でもそうしていまがある。やはり藤波家康の時代なのである。

STLING LOVE
OF KINGS

収録日：2023年1月12日　撮影：タイコウクニヨシ
写真：© プロレスリング・ノア　聞き手：井上崇宏

プロレスをやり尽くした
激動の39年間。
ついに2・21東京ドームで
現役引退!!

武藤敬司

［プロレスリング・ノア］

KAMINOGE NATURAL BORN MASTER

「俺自身も〝いま〟を闘いたいんだよ。
そしていまのプロレス界ががんばらなきゃいけないのは
インターナショナルに観てもらえるように
するってこと。そこを目指して世界レベルの
戦国合戦をしていかないとさ」

PRO WRESTLING LOVE
KING OF KINGS
HOSHU & MUT

「膝をやっちまってからはごまかしきった25年だよ。ただ、プロレスってのはそのごまかしみたいなものだからさ」

――いきなりなんですけど、武藤さんってこれまでの人生でメンタルをやられたこととかってあるんですか？

武藤　メンタル？　ないよ！

――なさそうですよね（笑）。

武藤　その「メンタルをやられる」ってのがわかんないもん。鬱になるなんてこともないし。いや、でも全日本を経営していたときは多少メンタルをやられてたな。やっぱ資金繰りとかさ。

――あの頃が武藤さんのプロレス人生の中で唯一、ボクらでもわかる不調期というか。

武藤　膝の手術で長期欠場もあったけど、それはレスラーとしてじゃなく経営者としてだよね。それはもう自分の努力だけじゃどうしようもできないことじゃん。

――トップの武藤さんが欠場すると集客が落ちるという悪循環で。そういう経営やお金のプレッシャーって、どうやって払拭していたんですか？

武藤　いやあ、もうなるようにしか。時が来るのが怖かったもんな。すぐに月末になるから。

――いちレスラーのときって月末が待ち遠しいじゃないですか。それが経営者になると月末が来るのがめっちゃ早いですよね。

武藤　だから逆だよ。大変だったよ。

――でも気持ちがそこまで落ちることもない？

武藤　だって気持ちが落ちるも何も、逃げようがねえし、現実だから。まあ、だけどまわりに支えられて、みんな内面では何を思っていたかは知らないけど、まあまあ、協力的でもあったし。なんとかギリギリ精神は保ったな。

――武藤さんのこの豪胆さ、器のデカさみたいなところって、みんながあこがれるところだと思うんですけど。

武藤　いやあ。ただ、39年のプロレス人生を振り返ってみると、全日本の経営もあったからこそというか、今年の1・4でSANADAとかBUSHIとやったけど、アイツらは全日本のときからやっていた武藤塾のオーディションで引っ張った連中じゃん。だからあそこで俺が落としてたらレスラーになっていなかった人間だよ。まあ、いまは至るところに俺のボーイがいますよ。だからいろんなことをやってよかったんだよ。

――撒いた種があちこちで芽を出して、花を咲かせていますよね。

武藤　それは経営から携わっているからこその遺伝子なんだ

よ。やっぱり猪木さんや馬場さんの遺伝子ってのも、あの人たちが単なるレスラーってことじゃなくて団体の経営に携わっていたからこそだよ。

——団体のイズムというか。

武藤　だって普通なら自分のことだけ考えていればいいんだけど、経営者レスラーってのはそういうわけにもいかない。だから俺と同じジェネレーションでは三沢（光晴）社長だけだよな、遺伝子を残してるのは。それも経営に携わっていたからでしょ。あとの連中は自分のことだけやっていればいいっていうか、レスラーっていうのは本来はそうだからね。

——あの全日本時代もあったからこその現在の武藤敬司っていう。

武藤　そうそう。だから人生を語るのにも厚みが出るし、引退試合をするにあたってもそういうストーリーは作りやすいよな。すべてが無関係じゃないから。

——膝とかも、壊したからこそのこのキャリアっていうのはありますよね。もし、膝が悪くなかったら、ムーンサルトをバンバンやったりして、違う箇所がもっと悪かったかもしれないし、もっと選手寿命を縮めていたかもしれないですよね。

武藤　まあ、膝をやっちまってからはある意味ではごまかしにごまかしてきた25年ですよ。

——徹底的にごまかした。

武藤　ごまかしきった25年だよ。だってそりゃそうだよ。身体が若い頃の機能をしてねえんだからさ。それを補うにはごまかしであるし。ただ、プロレスってのはそのごまかしみたいなものだからさ。

——武藤さんはいつから〝武藤敬司〟だったんですか？

武藤　いつから？　生まれたときからこんなんだよ（笑）。

——子どもの頃からこういう性格ですか？

武藤　性格は一緒だと思うけどな。

——たとえば思春期なんかは、いろいろと思い悩むこともあるじゃないですか。

武藤　まあ、そうっスね。だけど普通に流されるガキだったよ。『柔道一直線』が流行ってて、柔道着をぶら下げて道場に通う姿がカッコいいなと思って俺も柔道を習うようになったし、『巨人の星』を観ていた頃はみんなキャッチボールをしていて俺も少年野球をやったりとか。そうやって流されるガキだった。『仮面ライダー』にあこがれたりさ。

「『空手バカ一代』の影響で山ごもりをしたことがあるけど、あんなの効率が悪いよ。普通に道場に通ってたほうが強くなれる」

——武藤さんは人を好きになることとかってあるんですか？

（笑）。たとえば好きな女のコはいました？

武藤　小学校の低学年の頃はさ、ときたま寝てたら夢に同級生のコが出てきて、その夢に出てきたことで気になってしょうがないとか。

――特別なコに思えてくると。

武藤　うん。だから一目惚れっていうよりも夢に登場してきたから気になって、いつの間にか「あっ、あのコいいな」って思うわけだけど、年度が変わるとまた気持ちが違うコに変わったりしてさ。

――クラスが変わると、もうそのコのことを忘れちゃってるんですか？（笑）。

武藤　すっかり忘れちゃって。

――うわ、武藤さんっぽい。たぶん、それは好きじゃないですよ（笑）。

武藤　俺、小学校のときは天地真理の大ファンだったんだよ。テレビで『となりの真理ちゃん』とかやってたからそういうのを観たりとかさ。それがいつしかテレビに出なくなって、何年か経って写真を見たとき、あのときの俺の気持ちを返してもらいてえなって（笑）。

――なんの話（笑）。やっぱり武藤さんはあまり人に興味がなさそうですね。

武藤　中学校ぐらいからまわりが麻雀をやり出してさ、みんなで本を読みながらルールを覚えていって俺も麻雀にハマったこともあるし、いろんなものにハマってたよ。『空手バカ一代』を観てさ、俺は柔道をやってたから空手まではやらなかったんだけど、友達は近くの空手道場に通ってたし。

――武藤さんたちは直撃の世代ですよね。

武藤　そうそう。だから高校のときに近くの山に山ごもりをしたんですよ。

――『空手バカ一代』の影響でですか？

武藤　そうそう。友達と一緒に。

――流されますねえ（笑）。片方の眉毛を剃ったりはしていないですよね？

武藤　眉毛は剃ってないけども。俺の柔道の先生がいて、「山ごもりをするんだったらテントを買ってやるよ」ってテントを買ってもらったんだよ。

――山ごもり用の（笑）。山には何泊したんですか？

武藤　2、3泊したんじゃねえかな？　朝起きて飯盒で米を炊いてさ、メシが食い終わるのは昼の12時で、それから洗いものをしてダラダラしてたら夕方だよ。練習なんてする時間がねえよ。

――アハハハハ！　武藤さん、それはキャンプって言うんですよ（笑）。

武藤　あんなの効率が悪いよ。普通に道場に通ってたほうが強くなれるよ（笑）。

――そういう意味では真っ当な男の子だったわけですね。ちょっとバカでっていう。

武藤　そうそう。そんな感じだよ。

――少年時代にプロレスへのあこがれはなかったんですか？

武藤　テレビとかでは観てたよ。ただ、新日本プロレスの裏では『太陽にほえろ！』をやってて、全日本の裏ではドリフターズをやってたりしたから、やっぱりプロレスでも6人タッグのときがあったりするわけじゃん。そのときは『太陽にほえろ！』を観たりとかさ（笑）。

――シビアな視聴者だったんですね（笑）。カードによって今週は観る、観ないを決めていた。

武藤　カードによって、「今日は『8時だョ！全員集合』を観よう」とかさ。

「アメリカに行ったら『プロレスとはなんだ？』っていうテーマだよね。プロレスビジネスというのはどういうものなのか」

――人格を形成するうえで、若くしてアメリカに行ったこともデカかったですか？

武藤　そうですね。アメリカという国はなんかスケールのデカさを感じさせたね。

――リアルに物理的にもデカいですしね。

武藤　新日本のときに巡業で台湾やフィリピンなんかにもみんなで行かせてもらったんですよ。こんな言い方をしたらあれだけど、なんとなく当時は日本のほうが優れていたっていうか。でもアメリカは、最初にフロリダに行ったときなんかは銀行がドライブスルーなんだよ。

――通常の窓口でのやりとりがドライブスルーなんですか？

武藤　うん。筒みたいのにお金を入れてシューッてさ。ゴミだってガレージにあるデッカいゴミ箱に入れておいたら、そのままドッカーンって持っていっちまうからな。なんかいちいちスケールのデカさを感じたよ。最初は夢を持って行ったんだよ。山梨から東京に出てきたときは「東京ってビルばっかりでなんて凄い街なんだ！」って驚いたんだけど、「東京よりもアメリカのほうがすげえんだろうな」と思ってさ。それでタンパに行ったら、山梨よりもだだっ広いんだもんな（笑）。

――フロリダってそういうところですよね。

武藤　なんか凄い田舎の感じでさ。それと新弟子の頃なんかは六本木のディスコなんかに蝶野（正洋）とナンパしに行ったりしたんだけど、ディスコにいる外国人の女性ってスレンダーで凄く綺麗な人ばっかりだからさ、「アメリカに行った

ら、こんなのばっかりなんだろうな」って夢を抱いてたんだよ。そうしたら、そんなのはひとりもいねえよ（笑）。

——六本木にいるのは選りすぐりの精鋭たちですからね。

武藤　マジでいないんだよ。あっちはみんな芋とコーラばっか摂ってるからさ。

——いやいや、武者修行なんですからプロレスに夢を持って行きましょうよ（笑）。

武藤　まあまあ、プロレスは楽しかったですよ。

——デビューしてわずか1年のキャリアで最初のフロリダに行ったじゃないですか。新日本の若手時代に教わったことよりもアメリカで学んだことのほうが血肉になっていたりするんですか？

武藤　いや、リングの中のことは新日本で勉強して、アメリカに行ったら「プロレスとはなんだ？」っていうテーマだよね。プロレスビジネスというのはどういうものなのかっていう。

——大枠の部分ですね。

武藤　っていうのを勉強したよね。最初に行ったらケンドール・ウィンダムとの試合を組まされて毎日やるわけだよ。でも同じお客を相手に同じ試合をしていたら許してくれるわけねえんだからさ。だから工夫したりもするし、その中でストーリーというものが生まれてくるし。それで桜田（一男）

さんが乱入してきて悪いことをやってたら、バリー・ウィンダムがやってきて、それから兄弟とやったりとかさ、だんだんとふくらんでいくじゃん。それと金銭的な部分でも、当時のCWF（チャンピオンシップ・レスリング・フロム・フロリダ）っていうのはなんだかんだでNWAの傘下だったんだよ。だからたまにリック・フレアーがNWAの本部からこっちに来て、地元のエースであるバリー・ウィンダムとやったら、ハウス（集客）が凄くよくなるんだよ。当時のアメリカのビジネスってのは、レスラーのギャラってゲート収入のパーセンテージでもらうからさ、だからフレアーが来たら俺らの給料もよくなるんだよ。「うわー、チャンピオン様々だな」っていうシステムだから尊敬されるんだよ。

――メインイベンターがみんなを潤わせるっていう。

武藤　いまは違うシステムだと思うけど、昔はそういうのでさ、チャンピオンは尊敬されるし。もしかしたら、そうじゃないチャンピオンってのはみんなから尊敬されないだろうし。

――そういう興行のあり方ってヤングライオンでは絶対に学ばないことですよね。

武藤　それでさ、日本じゃ考えられないけど、たまに俺が桜田さんよりも上で試合をやるんだよ。そうしたら俺のほうが給料がいいんだよ。日本じゃ絶対に年功序列じゃん。だから俺は最初驚いたんだよ。「えっ、いいんですか?」って。

――そこでハッキリとした、わかりやすいビジネスを学んだというか。

武藤　仕組みとか成り立ちとかをね。だから俺が子どもの頃、かすかに記憶があるんだけど、自転車に乗った紙芝居のおっさんが来てたんだよ。それで飴玉をくれたりとかしながら見てさ、「続きはどうなるんだ?」っていう。プロレスってあれと一緒だからね。娯楽がないちっちゃな田舎町なんかはそれを望んでるから、そこに試合をしに行ったりもしてっていうさ。いまは向こうも全然システムが違って、豊臣秀吉が統一したみたいになっててそれしかないけど、昔の戦国時代は武田信玄がいたりとかしたわけだよ。

――大小それぞれのテリトリーがあって、要するに国盗り合戦ですよね。

武藤　そうそうそう。

「俺は田舎に帰って植木屋をやろうと思ったんだもん。30くらいまで親父から『帰ってこい』ってずっと言われてたんだよ」

――あと、これはボクは初耳だったんですけど、武藤さんがまだ新弟子だった頃に第一次UWFができて、藤原さんが髙田さんが連れて新日本を抜けて移籍したじゃないですか。じ

つはあのとき藤原組長がいちばんほしがっていたのは武藤さんだったって。

武藤　俺は聞いてないよ。

——誘われてはいないですか？

武藤　誘われてないよ。

——っていうのを、きのうターザン山本さんから聞いたんですよ。

武藤　あのときは藤原さんが若手を多摩川に呼んだんだよ。そこには俺もいて船木やライガーもいて、藤原さんが「俺は辞める」って言ったら船木とかは泣き出してさ。

——有名な話ですよね。藤原さんが「俺は新日本を辞める。ついて来るヤツは身支度をしておけ」みたいな。

武藤　それを聞いて、俺はべつに何も思わなかったんだけど。

——なんにも（笑）。

武藤　誘われた気もしなかったし。

——複数の若手の中に武藤さんも入って藤原さんの話を聞いていて、ピンと来なかった感じですか？

武藤　っていうか、入ったばっかりでわけがわからなかったし、俺らの意思が通るところでもなさそうじゃん。藤原さんとか先輩に関しても、あの頃の俺は海の物とも山の物もわかってないよ。だってUWFはいつ？

——１９８４年の４月旗揚げで、藤原さんたちが移籍したのは6月ですね。

武藤　俺が新日本に入ったのもその年の4月だからね。だから入門してすぐに藤原さんに多摩川に呼ばれてるんだよ。そりゃ俺なんかまだなんの想像もできないよ。

――ただ、その短期間で素材は見せつけていたとは思うんですよ。一度「もう辞めます」と言った武藤さんを山本小鉄さんが引き留めたほどの逸材だったわけじゃないですか。

武藤　案の定、1年くらいでアメリカに行かせてもらったからね。

――蝶野さん曰く、あのときの武藤さんは絶対に引き留められることをわかっていて「辞めます」って言ったってことなんですけど、本当ですか？（笑）。

武藤　そんなバカな（笑）。若いから本気で練習をやらなかったら通用しないよ。

――じゃあ、本気で「もう無理だ」って思ったんですか？

武藤　そうだよ。だって俺は田舎に帰って植木屋をやろうと思ったんだもん。本当は骨接ぎ（柔道整復師）のインターンをやっていたんだけど、「俺は骨接ぎに向いてねえな」って思いつつ。まあ、国家試験は取ったけど、骨接ぎの仕事はあまり好きにはなれなくてね。それで親父が実家の近くで植木屋をやってるわけだ。そこにいつも「帰ってこい」って、俺は30くらいになるまでずっと言われてたんだよ。

――もうとっくにアメリカでグレート・ムタでブレイクしているときまで！（笑）。

武藤　だって継ぐヤツがいねえんだから。俺が継がないと顧客とかもなくなっちゃうわけだしさ。そうだよな、もうグレート・ムタをやってた頃だよ。向こうのアナウンサーが「ムトウ」って言えなくて「ムタ」って言うから、「じゃあ、ムタでいいや」ってなってさ。だってモト冬樹さんだって本名は「ムトウ」（武東）なんだけど、アーミーベースで「モト」って呼ばれてモト冬樹になったんだから。

――なるほどー。

武藤　だけど俺みたいに2役できるレスラーがいねえんだよ。やろうと思って何人かやってるんだけど、結果みんなこなせないじゃん。それと俺は黒使無双ってのもやったけど、あれはちょっとまた別で、俺は本当はグレート・ムタエってのをやりたかったんだよ。

――ムタエですか？

武藤　グレート・ムタエっていうオカマのキャラをやりたかったんだよ。ただそれを仕込むには、新宿二丁目とかに行ってちゃんと学ばなきゃダメだと思ってさ。

――生態を。凄い発想をしますね（笑）。

武藤　だってレスラーの器量として、3役できたらもっと凄いと思わない？　ムタエだったらこないだの真輔戦も、あん

CHOSHU

なキスぐらいだったら俺が勝ってたかもしれないな（笑）。

――でもレイザーラモンHGの、HGって「ハードゲイ」の略だったのが、いまは「ホットガイ」に改名したくらいにそこらへんはデリケートな時代ですからね。

武藤　えっ、ウソ!?　じゃあ、やらなくてよかったよ。

「やっぱり猪木さんのあの時代があったからこそ。力道山と馬場さんのラインだけだったら日本のプロレス界は残っていなかった気がする」

――やっぱり武藤さんの衝撃は1990年4月のNKホールですよね。凱旋帰国第1戦。

武藤　当時の空気として、普通のプロレスっていうのがあそこまでウケるとは思わなかったんだけど。日本ではまだUWFみたいにロープには飛ばないとか、そういうスタイルのほうが支持されてるのかなって思ったんだけど、そういうものに客もそろそろ飽きてきた頃だったのかもしれないね。

――だからボクもリアルタイムであの試合を観たときの感想は「あれ？　プロレスってこんなにおもしろかったっけ？」でしたから。べつにそれまでも楽しんでいたつもりではあったんですけど、ちょっと格闘技色の強いプロレスみたいなものに窮屈さを感じていたタイミングというのはあったかもしれないですね。

武藤　そうそう。たぶんね。

――あれ以降、世界中に武藤敬司のフォロワーが生まれて、武藤さんのスタイルに感化された者たちがいろんな国でレスラーになって。だから武藤さんがプロレスのスタイルを変えましたよね。

武藤　昔はいまよりもうちょっと単純明快なプロレスだったのは事実だよ。まあ、アメリカンスタイルだよね。だけど、アメリカンスタイルとかそういう部分で言うんだったら、猪木さんはわかってたよ。

――猪木さんはアメリカンスタイルを完全に把握していたと。

武藤　完全にね。

――その猪木さんが昨年亡くなられたことについて、ボクらはまだ武藤さんにお話をうかがっていなかったんですが。

武藤　力道山が日本のプロレスを作って、馬場さんがいて、猪木さんがいたんだけど、これがもし力道山と馬場さんのラインだけだったら、日本のプロレス界は残っていなかったような気がするんだよな。やっぱり猪木さんのあの時代があったからこそ、プロレス界がいまも残っているような気がするね。

――力道山が亡くなったあと、アントニオ猪木がいなかったら日本のプロレスは衰退していたかもしれない。

武藤　俺の想像だけどね。やっぱり猪木さんのスタイルにはみんな熱くなったし、物議も醸したけど話題も豊富だったし、モハメド・アリだ、ウィリエム・ルスカだって。途中からリングを飛び出して、政治の世界でプロレスを利用しながらイラクに行ったり、ソ連に行ったり、北朝鮮に行ったりとかもね、あれももしかしたらプロレスの知名度を上げているかもしれないよな。ただ、やっぱり猪木さんっていうのは、異種格闘技というジャンルを見事にこなして伸びたっていうのもあったけど、途中から総合格闘技が出てきて、幻想じゃねえけど自分が否定されたくないという意識が働いて、それでこっちまで巻き込んだような気がするよね。

——自身がPRIDEのエグゼクティブプロデューサーを務めたりして。

武藤　それで猪木さんがやった異種格闘技戦も同じだったんだっていうふうにしたようとしたっていうかさ。まあ、だから俺は新日本を飛び出て全日本に行ってるわけだからね。

——あそこのタイミングっていうのは、本当に思想的に嫌だったから新日本を退団したんですか？

武藤　嫌だったよ。それで出稼ぎで全日本に出りゃ、歓迎されて気持ちいいプロレスをやらせてもらえるし、お客も盛り上がってさ。でも新日本のほうはなんか変な空気じゃん。「従来のプロレスのほうがおもしれえな」っていう感覚だよ。東京ドームでも格闘技の試合を本当にやってたもんね。俺は蚊帳の外で観てたけどさ、「辞めてよかった」って本当に思ったよ。

——武藤さんは最後までその流れに巻き込まれなかったですよね。

武藤　だから判断としてはいい感じだったよ。あんなのに巻き込まれたら大変だったよな。自分のキャリアを潰しちまうよ。藤田（和之）とかヤス（安田忠夫）とかもそっちに出てたもんな。永田（裕志）もさ。俺は全日本でプロレスをやってりゃいいんだからさ。だから経営面は大変だったけどね、おもしろかったよ。

——やっぱり猪木さんには功罪があるというか、そもそも猪木さんがいなかったらプロレスが残っていない感もあるし、だけど自らの手でプロレスを壊しに行った部分もあるしっていう。

武藤　そうそう、結局アントニオ猪木の影響力は巨大だったっていう。それでPRIDEがちょっと嫌だったのはさ、やっぱりリングだよね。UFCとかは金網だから差別化できるというかまったく違うじゃん。

——ビジュアル的にプロレスと地続きってことですね。

武藤　試合にしたって、しょせんはみんなロープ際に行くわけで、あれだったらロープがねえほうがいいじゃん。

「猪木イズムで、引退の相手にロックを呼べねえのかって思ったけど、やっぱりカネがまったく追いつかねえよ」

――そして、今年の元旦のグレート・ムタvs中邑真輔戦は凄かったですね。正直、どんな展開になって、どういう着地をするのかまったく読めなかったんですけど、名優同士が闘うとこうなるんだなっていう。それこそ武藤さんのNK凱旋のときの「プロレスってこんなにおもしろかったっけ?」っていう感想を今回も抱きました。

武藤　やっぱりアイツが作った世界観っていうのがあって、それがなかったらアメリカでは通用しねえからさ。それをアイツが入場からお客さんに見せつけたからね。「ここから本当のメインイベントが始まりますよ」って、一発目の入場からいい形にしてくれてるからさ。

――やっぱりWWEの1軍は伊達じゃないですね。

武藤　そのポジションを継続してることが凄いよ。みんな途中でフェードアウトしてるじゃん。それでムタっていうのもそんなにいい試合をバカスカやってるわけじゃないじゃん。見せ場が入場だけで終わるような試合もいっぱいあったりしたよ。かと言って、ビジュアルなのかわからないけどファンの人には好かれるんだよ。だから日本のレスラーも協調性ばかりじゃなくて、そういう人に好かれるところをもっと磨いていったほうがいいのかもしれないな。

――キャラクター自体が魅力的ってことですね。

武藤　そうそう。だってムタは新日本で唯一通用したギミックレスラーだからね。しかも猪木さんまで毒霧を喰らって、「うぅ……」ってやっていたわけでさ、あのキャラは強いよ。

――こないだ長州さんが「俺が現場にいても、ムタvs真輔のマッチメイクは絶対に思いつかなかった」って言ってましたよ。

武藤　だからそれくらい実現へのハードルが高いっていう前提があるからでしょ。

――そうですね。だから「できるわけがないと思ってるから発想すらもしない」って。

武藤　でもマッチメイクするときって絶対にそこから入るじゃん。「この高い壁はどうやったら壊れるんだろう?」って。俺はノアに「引退試合にロックって呼べねえのか?」って言ったからね。そうしたら「ちょっと無理です」って。そりゃそうなんだろうけど、でもいかに高い壁であろうが、猪木さんはモハメド・アリとやってるんだからね。そういう意味で言えば、やっぱ俺は猪木イズムなんだよ。

――やる前からできないことを考えるバカがいるかよ、っていう。

武藤　そうそう。でもロックも思い浮かんだけど、やっぱりカネがまったく追いつかねえよ。

――だっていま、ハリウッドの中でも1、2を争う収入を得ている超大物スターですからね（笑）。

武藤　そうそう（笑）。もう追いつかねえよ。

――ちなみに髙田延彦の線はなかったんですか？

武藤　ないよ。だって俺は〝いま〟を闘いたいもん。

――東京ドームで武藤vs髙田っていうのは、めちゃくちゃ物語性があるじゃないですか。

武藤　かと言って、お互いに歳もとってさ、1995年の髙田戦よりも作品としていいものはできないよ。やっぱり狙うところは〝いい作品〟を狙いたいわけだからさ。案の定、ムタvs真輔はみんなが「凄い試合だった」って言ってて、「もしかしたら今年のベストバウトかもしれない。すでに決まりましたよ」って。

――1月1日時点で（笑）。

武藤　そこのレベルまで常に行きたいわけであって、じゃないとやりがいがないというかさ。ただ、たぶん髙田さんはいま、すげえコンディションはいいはずなんだよ。

――いま柔術をやっていますからね。

武藤　でも、とっくに現役を引退してるわけだから、失礼なこともできないしさ。だから綺麗に真輔とかスティングとかと絡んでいたほうがね。もうひとつ言えるのは、ノアだけじゃなくいまのプロレス界ががんばらなきゃいけないのは「インターナショナルに観てもらえるようにする」ってことだよね。なんか真輔戦で『WRESTLE UNIVERSE』の海外からの加入者がすげえ増えたらしいよ。やっぱりいまはそこを目指していかないと。世界レベルの戦国合戦をしていかないとさ。

――わかりました。2月21日、東京ドームでの〝最後の作品〟、楽しみにしています！

武藤敬司（むとう・けいじ）
1962年12月23日生まれ、山梨県富士吉田市出身。プロレスラー。プロレスリング・ノア所属。
柔道で全日本強化指定選手にも選ばれた実力をひっさげて1984年、新日本プロレスに入門。同年10月4日、蝶野正洋戦でデビュー。早くより将来のエース候補と目され、1985年11月にフロリダ州への海外遠征に出発。帰国後、UWF勢との抗争などを経て、1988年に再度海外へ。NWA（のちのWCW）でグレート・ムタとして大ブレイク。世界的な人気を博すことになる。新日本においてもIWGP王者、nWo JAPANとして活躍するが、2002年1月に全日本プロレスに移籍。全日本退団後はWRESTLE-1旗揚げや『プロレスリング・マスターズ』主催などをおこなう。2021年2月12日、潮崎豪を下し第34代GHCヘビー級王者となり、その3日後にノア入団を発表。2023年1月1日、グレート・ムタvs中邑真輔実現、1月22日、盟友スティングとのタッグ結成を経て、2月21日に東京ドームにて現役引退試合をおこなうことになっている。

PRO-WRESTLI
KING OF KING
HashDro

バッファロー吾郎Aの
きむコロ列伝!!

Buffalo GoroA

第134回 内田有紀さんにインタビュー

バッファロー吾郎A

バッファロー吾郎A/本名・木村明浩（きむら・あきひろ）1970年11月24日生まれ/お笑いコンビ『バッファロー吾郎』のツッコミ担当/2008年『キング・オブ・コント』優勝

大晦日の『RIZIN.40』を配信で視聴。どの試合も素晴らしかったが、特にBellator勢との対抗戦にしびれた。戦績はRIZIN勢の全敗だったが、どれも素晴らしい闘いで恥じることは何ひとつない。Bellator勢がRIZINに対して真正面からぶつかってきてくれたことが嬉しかった。

嬉しいといえばグレート・ムタvsSHINSUKE NAKAMURAのドリームマッチはとんでもないお年玉だった。正月早々から今年のベストバウトと言われているが、あの衝撃のフィニッシュは間違いなくプロレス史に残るだろう。ムタをもう観れないのは寂しすぎる。

話は変わって今年は西暦2023年。年号は令和5年で干支は卯年らしい。元号と干支を覚えるのが昔から苦手だ。

卯年生まれに私の大好きな内田有紀さんがいる。私は内田有紀さんのことを考えているうちに眠ってしまい夢を見た。人の夢の話はつまらないモノだが、興味深い内容だったので紹介したい。

私は雑誌『シモノゲ』の取材で内田有紀さん（以下内田）にインタビューする事になった。

――内田さんはじめまして。今日はよろしくお願いします。

内田 格闘技が大好きなので、今日の取材を楽しみにしていました。

――それは嬉しいです。内田さんの世代ですとPRIDEからRIZINの流れですかね？

内田 団体やジャンルを問わず関節技が好きなので動画サイトで昔のキャッチ・アズ・キャッチ・キャンの試合を観たり、メキシコの複合関節技『ジャベ』にも興味があるのでドラゴンゲートのU―T選手の試合をチェックしたりしています。

――好きな関節技とかあるんですか？

内田 もちろんあります。では有紀のサブミッションクイズ！　私のいちばん好きな関節技はなんでしょう？

――うーん、最近はボンサイ柔術の飛びつき三角が注目されていますが、もうちょっとマニアックな今成正和選手の今成ロール！

内田　残念！　正解はアナコンダバイスです。

――天山広吉選手のオリジナル技の？

内田　はい。しかもスタンドで極めてから倒れ込むバージョンが大好きです。

――理由は？

内田　たとえば腕と首の2カ所を同時に極めるような複合技はたくさんありますが、サブミッション（極技）とバスター（投げ）の複合技ってアナコンダバイスしかないですよね？

――中西学さんのヘラクレスカッターは？

内田　あれはアルゼンチン・バックブリーカーを解除してからのネックブリーカーなので、複合技じゃないです。

――たしかにいま思いつく限りでは、アナコンダバイスは関節とバスターの複合という唯一無二の技かもしれません。

内田　『キン肉マン』の必殺技で出てきそうな感じがたまりませんよね。A先生には残念賞として紙ふうせんを1個さしあげます。

――ありがとうございます。もし正解していたら賞品は何だったんですか？

内田　紙ふうせん2個でした。

――そうですか。話は変わりますが、内田さんは会場に観に行ったりしますか？

内田　会場ではほぼ観ないですね。たまに招待していただいてそれはとてもありがたいんですけど、招待席ってリングサイドのとてもいい席だったりするじゃないですか。

――それが何か問題でも？

内田　いい席すぎて逆にグラウンドの攻防が見えないんですよ。角度的にとかカメラマンさんが前に立ったりとかで。それで生観戦なのに会場のスクリーンを観るしかなくなって。

――〝いい席あるある〟ですね。

内田　あと、関係者席って当たり前ですけど関係者が集まるので、ほかの芸能人の方が隣にいらっしゃるところが多くて。

――たしかに。

内田　以前も私の隣の席が役所広司さんだったんです。するとまわりがざわつき出して。

――そりゃ日本を代表する俳優さんと女優さんがふたり揃っていますもんね。

内田　そう思っていただけるなら光栄なんですが、そうじゃなくて「ソニー損保の人たちですよね？」って試合中なのに何人からも声をかけられて。

――俳優・役所広司と女優・内田有紀ではなく、ソニー損保に出ているCMのタレントさんと勘違いして？

内田　というより本当にクルマの保険で悩んでいるふたりだと思われているようで、「クルマ、大丈夫ですか？」って心配そうに声をかけていただいたりして。

――おふたりのCMの演技が上手すぎて勘違いしている人が多いんでしょうね。

内田　いままでサイン色紙に一言添えるときは『感謝』とか『一期一会』と書いていたんですが、そういうことがあってから『祖新損保』（ソニー損保）と書くようにしました」

――愚零闘武多みたいでカッコいいですね。


ここで私は目が覚めた。

RIDERA
Steak House
近隣の住民の皆様の迷惑になりますので、駐車後はすみやかに移動願います。
2020年6/9より登場!!
高橋真麻ステーキ
ヒレステーキ2ポンド
ライス2皿
サラダ1
¥10,000
1ポンドステーキ ¥3.800
1/2ポンドステーキ ¥2.500
ヒレステ
¥4.300
¥3.300
エロー
¥500
コーンス
生野
KIRIN BEER
一番搾り

キヨハラ
ヒレ
&ライス
お客様の安全・
混雑緩和のため、
お食事後は,速やかに
お会計願います。

KAMINOGE LISTEN TO POWER HALL

収録日：2023年1月6日
撮影：タイコウクニヨシ　構成：井上崇宏

グレート・ムタと名試合を演じた
中邑に長州もびっくり!
日本式おもてなしで
『ステーキハウスリベラ』にて乾杯!!

［吉田光雄］
長州力
［キング・オブ・ストロングスタイル］
中邑真輔

「真輔、お見事! だけどあんな貪欲で強欲なヤツを相手にして、いい試合になるはずはなかったんだけどな……」

「ボクは長州さんや武藤さんみたいにはなれないと思っていて。ここまでの我の強さは自分は持ってないですから」

「貪欲なヤツと強欲なヤツは同じ人間だからな。ひとりのくせにリングでもふたつの顔を持っていやがる」（長州）

長州　おっ、真輔！　ハッピーニューイヤー！

中邑　ハハハハッ。ハッピーニューイヤーです。

長州　元気？

中邑　元気です。長州さん、大活躍じゃないですか。

長州　なにが？

中邑　なにがって、けっこう知ってますよ。もうなんでもかんでも仕事していて。

長州　真輔、おまえ、ちょっと大きくなったな。体重は？

中邑　測ってないですけど、あっでも、トレーニングのやり方をちょっと変えました。前は重いのをちょっと持つだけだったんですけど。

長州　しかし真輔。おまえはよくあんな貪欲なヤツと……。

中邑　はい？　貪欲なヤツって誰ですか？

長州　貪欲であり、強欲。真輔、よくぞご無事で……。お見事！

中邑　えっ、なんの話ですか？（笑）。

長州　貪欲なヤツと言ったらひとりしかいないだろ。しかも強欲なヤツもそれと同じ人間だからな。おそろしい。ひとりのくせにリングでもふたつの顔を持っていやがるだろ。

――あっ、武藤敬司とグレート・ムタのことですかね？（笑）。

中邑　ああ、なるほど。貪欲と強欲のふたつの顔を持つ男（笑）。

長州　アイツは本当にとんでもないからな。しかも「いい試合だった」ってみんなが言ってるよ。いい試合になるはずはなかったんだけどな……。

中邑　いやいや、ボクもがんばったんですよ（笑）。

長州　ところで真輔と最後に会ったのはいつになるんだっけ？コロナの前だよな？

中邑　コロナ前ですね。でもコロナ中も長州さんはずっと活躍しているから。

長州　おまえ、そんなに気にかけて見ているの？

中邑　いや、気にかけていなくても「あっ、また長州さんが出てきた！」と思って。

長州　（アメリカでも）『がんばれ！長州くん』は映ってるのか？

中邑　ボク、ちゃんと観れるようにしています。あれは凄いッスね（笑）。

長州　あっ、真輔にTシャツを持ってきてやりゃよかったな。いっぱいあるんだよ。

中邑　『がんばれ！長州くん』の？　あー、ほしいなあ（笑）。

長州　いっぱいあるんだよ。俺はこのあとタイカーンがあるんだけど、どうすれば手渡せるかな？

中邑　体幹？

長州　タイカーン。頭。

中邑　あっ、美容室の名前？（笑）。

長州　うん。もう明日（1月7日）から仕事だから。

中邑　明日はなんの仕事ですか？

長州　だからそれも家に帰ってから日程を見なきゃわかんないんだよ。あっ、『ぐるナイ』かな？

中邑　凄いなあ。ひっぱりだこじゃないですか（笑）。こっちに来てくれ、あっちに来てくれで。

長州　そんなことはないぞ。真輔、きのうは仕事やったの？

中邑　いや、きのうはやっていないです。ボクは1日（元日）に武藤さん（グレート・ムタ）と試合しただけで。

長州　その一発だけか？

中邑　一発だけです。いやもう、ホッとして。

長州　いい笑顔してるなあ。だいぶコレ（※高額ギャラをゲットの意）したんじゃないか？

中邑　お米のほうはどうなってるんですかね？　ちょっと契約書を見ていないんでわからないんですけど。

長州　捕まるなよ？

中邑　アハハハハ！　捕まるようなことは何もやっていないですよ！（笑）。

「長州さんとグレート・ムタのグレーテスト18クラブの試合を思い出そうと思って映像を探したけど、見つからなかったんです」（中邑）

長州　まだフロリダに住んでるの？

中邑　フロリダです。

長州　おお、いいねえ。昔、あの貪欲なヤツもフロリダで試合してたよな。

中邑　そうですね。向こうはまだ暑いです。

長州　もうさすがに慣れただろ？

中邑　ボクは慣れないですねえ。

長州　今回のアレ（ギャラ）で1年そこらは大丈夫だろ（笑）。

中邑　そんなんだったらいいなとは思いますけど（笑）。

長州　でも今日クルマで来るとき、俺のマネージャーも「いい試合だった」って言ってたよ。

中邑　ありがたいですね。自分でもいい試合ができたなと思ったんですけど。

長州　よく（武藤を）引っ張り上げたな、おまえ。さすが、お見事！　パチパチパチ！

中邑　ありがとうございます。

長州　あの貪欲なヤツを……。俺、「真輔は二の舞にならなきゃいいけどな」って思ってたんだけどな。

中邑　えっ、なんの二の舞ですか？

長州　まあ、あまりこれは声に出しては言えないけどな……。アイツは本当にイカれてるよ。めっちゃめちゃ貪欲だからな。真輔はさすがに海外で活躍してるだけあるわ。

中邑　ボク、長州さんとグレート・ムタのグレーテスト18クラブの試合を思い出そうと思って映像を探したんですけど、見つからなかったんですよ。

長州　そりゃ、ないだろ。俺はアイツとやるときは東スポとコーヒーを持ってリングに上がってたんだよ。お客はみんなランチを食いに行ってたよ（笑）。それくらい間（ま）がアイツと俺とでは違うんだから。でもまあ、敬司もがんばってるよな。アイツはあといくつ？

――あと2試合ですね。

長州　ふたつ？　ようがんばったな。まあ、最後だから気合いが入ってるよね。

中邑　気合いが入ってますね。「けっこう動けるな」と思って。

長州　強欲だからな。めちゃくちゃお米をもらおうと必死だよ、アイツは。でも真輔と敬司のカードって誰が作ったの？　俺は真輔と敬司っていうのはないと思っていたよ。いや、ないっていうか、もし俺が現場にいても、真輔と敬司のカードは頭に浮かばなかったよな。

――武藤さんは当初から中邑さんとやりたいと言っていたみ

たいですね。

長州　あっ、「真輔と」って？　アイツ、ちょっとなめてたところがあったな（笑）。

中邑　えっ、どういうこと？

長州　なんて貪欲なヤツだ。でも（日本武道館が）満杯だろ？

——チケットが完売しましたね。

長州　特別指定席を作ったんだろ？　敬司からも何パーセントか取らなきゃダメだぞ。今日、ホテルに帰ったら枕をパッと裏返してみな。紙封筒が置いてあるよ。

中邑　そんなことしたら部屋を掃除する人が盗っちゃいますよ（笑）。

長州　清掃の人間はそんな強欲じゃないだろ。でもよかったよなあ。反対に考えたらこのカードしかなかったよな。よく考えたよ、本当に。敬司はけっこう動けてた？

中邑　動けてましたよ。だから「すげえな」と思って。だって人工関節でしょ。下半身が機械でできているのに「こんなに動けるんだ!?」と思って。

長州　強欲だよ。

「今年も家族みんな元気でケガしないように。そしてもう貪欲なヤツとは出会わないように祈ろう！」（長州）

中邑　武藤さんのヒザの手術のときに1回お見舞いに行ったことがあるんですよ。そのときに「こんな石ころみたいな軟骨が詰まってたんだ」っていう話をしていて。

長州　貪欲だな。あっ、真輔、お腹は空いてないの？

中邑　お腹は空いてます。

長州　食べようよ。真輔、ここ（リベラ）に写真を貼ってもらえよ。

中邑　そうですね。

長州　俺の写真はないんだよ。

中邑　えっ、なんでですか？

長州　ここは凄い人気があって外に人が並ぶだろ。最後に俺の番が来たときに「今日はもう終わりです」って言われたからドアを蹴っ飛ばして逃げて帰ったことがあるんだよ。それがあとでバレて出入り禁止。

中邑　ええっ？

長州　「どれだけ待ったと思ってるんだ！」ってドアをバンと蹴って、追っかけてきたから逃げたんだよ。

中邑　それで長州さんが逃げたんですか？

長州　冗談だよ（笑）。

中邑　あ、冗談か。

長州　帰りはどういう経由で帰るの？

中邑　シカゴ経由ですね。

長州　まあ、今回は仕事で帰ってきたんだろうけど、何か変

わったなっていうのはある？

中邑　去年は夏と猪木さんのお葬式のときに帰ってきたので、そんなに凄くひさしぶりじゃないから、前回ほどは「あれを食っとかなきゃ」っていうのはないですね。

長州　会長が亡くなってから、わけのわからないイベントが多すぎるな。会長はまだあの世に行ってねえんじゃねえかなと思って。まあ、真輔はいまがいちばん力が出る歳じゃん。

中邑　そうですね。

長州　だからあんな貪欲なヤツと試合ができるんだよ。

中邑　試合が終わってホッとしたんですけど、酔っ払って寝て起きたら「あれ、夢だったのか？」と思って。「俺の試合、今日だよな？」となってゾッとしましたよね。「おそろしい。もう1回あれをやるのか……」と思って（笑）。

長州　あっ、ホテルで寝てて？　時差ボケみたいなものか。

中邑　そうです。時差ボケで起きて、「あれ？　夢だったっけ？」と。試合が終わってみんなから「お疲れ様」って言われたのは夢だったっけなと。でも手を見たら毒霧で汚れていたんで、「ああ、よかった。もう終わってた……」と思って（笑）。

長州　貪欲ともう1回やらなくてよかったな。しかしさっきも言ったけど、俺がもし現場にいたらこのカードは浮かばないよ。真輔は真輔で向こう（WWE）で活躍してるんだから、国内（のレスラー）だけでどうにかっていう発想をしただろうな。

中邑　そうですよね。まず、選手の貸し出しなんてなかったですからね。長州さん、ビールをいただきましょう！

長州　おっ！

中邑　あらためまして、あけましておめでとうございます！

長州　おめでとう！　今年も家族みんな元気でケガしないように。そしてもう貪欲なヤツとは出会わないように祈ろう！

中邑　ありがとうございます（笑）。

「向こうじゃ普通のバーに行ったら1杯1500円以上しますから、さすがに不経済すぎるなと思って家飲みをしています」（中邑）

長州　って飲んじゃったけど、俺はこのあと道場だよ。

中邑　新日本の？

長州　そう。

中邑　まだ新日本の道場を使ってるっていうのが貪欲ですよ（笑）。

――リタイア後の長州さんの活躍というのは、中邑さんから見てもプロレスラーの人生の成功例ですよね？

中邑　そうですね。

長州　成功っていうのはどういう意味？　ただ単に仕事が来てるから請け負ってるだけじゃん。

――それが普通は来ないんですよ。

中邑　武藤さんは引退後は何をするんですかね？

長州　アイツはこないだ「長州さんはもう少し仕事があるみたいだから、俺はそれに付き合っておんぶしてもらうよ」って言ったんだよ。

中邑　凄い。正々堂々とたかられてるんですね（笑）。

長州　今度、車椅子に乗ってるときにひっくり返してやろうと思って。冗談抜きで俺が押してるんだぞ。伊勢神宮にロケに行ったときもアイツは歩かないんだよ。マネージャーが車椅子でうしろから押してるんだよ。でもあそこは砂利ばっかりだからすげえ力がいるんだよ。それを見てたら俺がイライラしてきて「どけ！　俺が押してやる！」って。もうへたった、へたった。

中邑　重たいですもんね（笑）。

長州　アイツ、歩けるんだよ？

中邑　長州さんは元気ですよね。

長州　いや、そう見えるだけだよ。

中邑　やっぱり練習は続けなきゃなって思いますよ。

長州　身体は動かしたほうがいいじゃん。間違いなく下半身からくるよ。真輔は腰は大丈夫なの？

中邑　腰や足は大丈夫です。ボクはまだ手術したことがないです。

長州　寝起きに痛みを感じるときはあるの？

中邑　そんなにはないですね。

長州　間違いなく下半身だよ。

中邑　『がんばれ！・長州くん』はいつまでやるんですか？

長州　あ？　小学校を卒業するまでじゃないの？

中邑　アッハッハッハッハ！　じゃあ、まだまだですね。まだ低学年っぽいですもんね。

長州　真輔は仕事があるときだけ日本に帰ってくるのか？

正月とかお盆は帰ってこないのか？

中邑　仕事があるときだけですね。だから仕事以外では猪木さんのお葬式のときが初めてです。

長州　向こうはコロナの規制はまだ厳しいの？

中邑　いや、全然です。日本だけですね、「マスクしろ」とか「声をあげちゃダメ」とかっていうのは。

長州　アメリカ人ってマスクをする習慣はあんまないよな？

中邑　ほぼないですね。空港に行っても1パーセントぐらいの人しかマスクはしていないです。

長州　アメリカにいたら毎日家飲み？

中邑　はい。だって普通のバーに行ったら1杯1500円以上しますからね。

長州　いま、このアレ（円安）で？

中邑　いや、普段から。アメリカ人って1杯をちびちび飲む感じであまり飲まないじゃないですか。でもアジア人はバカスカ飲むから、さすがに不経済すぎるなと思って家で飲んでいますね。

「おまえは身長も高いしさ、辞めてからちょっと体重を落としてスラッとしたらモデルになれるぞ」（長州）

長州　家飲みはもう慣れたの？

中邑　慣れましたね。コロナがあったときは酒の量がだいぶ増えましたからね。だけど焼酎が好きだったんですけど、アメリカにはほとんど売ってなくて。

長州　今回、買って持って帰るの？

中邑　持って帰るんですけど、もう焼酎のかわりにウォッカになっちゃって。

長州　俺は最近、喉が渇いたらグラッパばっかり飲んでるよ。同じようなもんだよね。

中邑　そうですね、蒸留酒は。でも、いまはアメリカのレスラーのほとんどは飲まないですね。昔、日本を経験したレスラーは飲みますけど。

長州　だからそういうのも変わってきてるよね。昔は控室でビールが凄かったもんな。

中邑　メキシコとかもビッグマッチになればなるほど酒くせえレスラーがいっぱいいましたね。アイツらは緊張するから試合前から飲んでるんですよ。それで昔、メインでタイトルマッチをやるレスラーが緊張しすぎて酒をあおりすぎたら、試合前にひっくり返っちゃって試合がキャンセルですよ（笑）。あとは自分の試合が終わって解放感があるレスラーは飲んで、試合前のヤツにも飲ませようとするとか、メキシコはそういうのがガンガンありますね。すみません、ビールもう1本お願いします（笑）。

長州　まあ、今日は1日ゆっくりして。
中邑　こんなの、ひさしぶりに年末年始に日本にいたなと思って。
長州　でも、仕事が終わったからもう肩の荷は下りただろ。そしてリベラでおいしいステーキ食って。
中邑　長州さんと写真を撮って。
長州　それでホテルの部屋に帰ったら枕を裏返して。
中邑　そんな現金の世界じゃないですよ（笑）。
長州　アッハッハッハ！　まあ、真輔も人生を自分で選んで。いい人生にしろよ、おまえ。本当に。
――長州さんはいまから海外に住みたいとかはないですか？
長州　もうないな。
――熱海がラストですか？
長州　いや、もう1回くらいどっかに行くかな。なんか自分が生まれ育ったところの環境に似たようなところに下りていってるなって。だから身体が動かなくなったら田舎でいいんじゃないかな。
――故郷の山口ですか？
長州　うん。松林の中に掘っ立て小屋を作って、毎日海に行って魚を釣って。
――それで夜は竜宮城（※長州用語でキャバクラのこと）ですね。
長州　あそこは釣るの大変だぞ。本当に。
中邑　アッハッハッハ！　どういう大変さがあるんですか？
長州　エサが大変だよ。
中邑　エサが？　魚を釣るのになぜかお米が必要ってことですか？
長州　コイツらはエサをつけないで釣ろうとしてるからな（笑）。
中邑　たまにそれで釣れちゃうのが問題なんでしょうね（笑）。
――何も釣ってないです（笑）。でも中邑真輔ってプロレスラーの中ではいろんな意味でスマートですよね。
長州　あっ、俺みたいにいまのスタイルであまりアゴをまわさなかったら、たぶんその次のアレ（人生）も……。まあ、それは言わなくても本人がどうやって生きていくかはみんなそれぞれで本人次第じゃん。いくら真輔が俺に「凄いですね。忙しいですよね」って言ったって、おまえに何がわかるんだっていう（笑）。おまえは身長も高いしさ、辞めてからちょっと体重を落としてスラッとしたらモデルになれるぞ。

「長州さんはランドスライドのことをポテトフライって言ってたんですよ。シャイニング・ヤクザキックのことはシャドー」（中邑）

中邑　モデルって食っていけるんですかね？

長州　それはおまえ次第！

中邑　ボクも『がんばれ！長州くん』の声入れしたいです。むっちゃおもろいな、あれ（笑）。

長州　じゃあ、今度あそこに〝真輔くん〟を入れちゃえばいいじゃないか（笑）。

中邑　真輔くんで（笑）。

長州　あれはいろんな人間が参加できるんだから。

――中邑さんは長州さんのいまの活動を見ていて、ぼんやりと自分の第二の人生を想像したりしますか？

長州　いやいや、それはみんなそれぞれだって。

中邑　いや、想像しますよ。だって長州さんは、日本版ドウェイン・ジョンソンなんですよ。

――日本のロック様！（笑）。

中邑　ドウェイン・ジョンソン、ジョン・シナ、バティスタ、そして長州力。

――そのあたりですよね。

長州　バカッ！

中邑　だから「いいなあ」って思いますよね。現役中からそれがいけたらいいなとはボクも思いますけどね。

長州　プロレスの世界っていうのがあって、いまの中邑真輔があるわけだ。それはみんな同じだよ。だからプロレスの世界ってのはなくならないんだよ。どんなに厳しくなったって。そこであAだこうだとアゴをまわしたらアウト。みんな消えていく。まだ若い選手ががんばってるんだし、形は変われどプロレスはなくならないんだから。みんなそれぞれの生き方。

中邑　でも、みんな長州さんみたいになりたいんですけど、どうやってなったらいいかわからないんですよ。

長州　そんなの考えることがなくてもできるだろ（笑）。

中邑　ボクはいつも言いますけど、長州さんや武藤さんみたいには自分はなれないと思っていて。みんななれないんですって。

長州　じゃあ、俺が飛んでると思う？

中邑　長州さんは日常的に「飛んでる」とかキラーワードを凄い量産するじゃないですか。最初にぶったまげたのは、ボクがランドスライドっていう必殺技を使っていたときに、長州さんが「真輔、おまえ、そこでポテトフライ!」って言ったんですよ(笑)。

——まったく韻とか踏んでないですけどね(笑)。

中邑 「ポテトフライかあ!」と思って。あとは長州さんが、蝶野さんのシャイニング・ヤクザキックのことを「シャドー」って呼んでたんですよ。「これはすげえな……」と思って。

長州 そのへんでやめとけ。

中邑 まだまだあるんですけど、でもやっぱりボクが感動したのは「おまえが死んだら墓にクソぶっかけてやる!」っていう、あの一文には文学的な賞をあげてもいいんじゃないかって思うくらい。あの言葉を聞いたときは「俺にはできない。俺はプロレスラーになっちゃいけない人間なのかな……」ってヒザから崩れ落ちるぐらいでしたから。武藤さんにしたってそうですよ。あんなに自分を押し通す我の強さ。悪いことが起こったら全部誰かのせいにしているし、俺にはそんなのできねえなと思って(笑)。

長州 本当に小言が多いし、すぐに泣くしな。強欲なヤツだ。

——世界のシンスケ・ナカムラが、自分の感覚がまともすぎることに挫折感を覚えているわけですね(笑)。

中邑 そうですよ、毎回。

長州 まあ、みんな個性があっていいじゃん。昭和はもう終わったし、平成も終わった。

中邑 長州さん世代、武藤さん世代、次の世代とあって。

長州 真輔、おまえの世代は悪くないよ。いろいろ幅広く見えるから。

中邑 ボクが知りたいのは、ボクの下の世代ってどんなんだろうと思って。

長州 俺はもしまたプロレスができても若い頃には戻りたくない。40代半ばから後半くらいからでいいよ。そのぐらいのほうが見えてるというか、俺は20代に戻ったら若さがあるだけにもう1回間違った判断をしちゃうかもしれないな。やっぱり40代を超えたほうが冷静な判断ができると思うんだ。

——まさにいま中邑さんは42ですからね。

長州 今晩、竜宮城に行く?

中邑 いや、大丈夫です(笑)。

長州 じゃあ真輔、また帰ってきたら熱海に来いよ。

中邑 あっ、熱海はお願いします。

長州 本当に家族でいらっしゃい。

中邑 はい。「本物の長州くんに会えるよ!」って言ったらよろこびますよ(笑)。

中邑真輔（SHINSUKE NAKAMURA）
1980年2月24日生まれ、京都府峰山町出身。
WWEスーパースター。
高校よりレスリングで鍛え、青山学院大学卒業後に新日本プロレスに入門。2002年8月29日、安田忠夫戦でデビュー。当時、新日本の格闘技路線の申し子として総合格闘技に参戦する一方、2003年12月に最年少でのIWGPヘビー級王座戴冠を果たす。2016年1月に新日本を退団して同年2月にWWEと契約して渡米。WWEでは本名＝リングネームで登場をして、2018年のロイヤルランブル優勝やレッスルマニアでのWWE王座挑戦などを経て、2020年7月にはセザーロとスマックダウンタッグ王座を獲得するなど現在も活躍中。2023年1月1日、プロレスリング・ノア日本武道館大会でグレート・ムタと対戦してキンシャサでフォール勝ちを収めた。

長州力（ちょうしゅう・りき）
1951年12月3日生まれ、山口県徳山市（現・周南市）出身。元プロレスラー。
専修大学レスリング部時代にミュンヘンオリンピックに出場。1974年に新日本プロレスに入団し、同年8月にデビューを果たす。1977年にリングネームを長州力に改名。メキシコ遠征後の1982年に藤波辰爾への噛ませ犬発言で一躍ブレイクを果たし、以後、“革命戦士”のニックネームと共に日本プロレス界の中心選手となっていく。藤波との名勝負数え唄や、ジャパンプロレス設立からの全日本プロレス参戦、さらに新日本へのUターン、Uインターとの対抗戦など、常にプロレス界の話題のど真ん中を陣取り続けた。2019年6月26日、後楽園ホールで現役ラストマッチをおこなった。

鈴木みのるのふたり言

第114回
「若いヤツら」

構成・堀江ガンツ

——新年1発目の「ふたり言」収録ということで、今回は鈴木さんの2023年のプランを語ってもらおうかと思うんですけど。

鈴木　プラン？　言えるわけねえじゃん。ネタばらししてどうするんだよ！（笑）。

——いや、おおまかな話で（笑）。

鈴木　昨年末に鈴木軍を解散して、最近、俺はどこの団体でも若いヤツに声をかけて「一緒にやろうぜ」って言ってるじゃん。

——全日本で大森北斗選手と組み始めて、新日本ではデスペラード選手とともに成田蓮選手も入れて新ユニット的な感じで動き始めましたね。

鈴木　それは俺が若いヤツに手を貸すとか、経験、勉強をさせてやろうっていうわけじゃない。それはアイツらが活かすかどうかっていうだけのこと。俺には俺の計画があって、いまの俺に必要だから若いヤツに声をかけてるんだよ。なんで必要かわかる？

——なんでですか？

鈴木　若いヤツって愚かで無知で、無謀で、バカなんだよ。俺がハタチのときにそうだったように。それがほしいんだよ。

——無謀だからこそ新しいものが生まれるみたいな。

鈴木　それはわかんない。生まれることもある。ただ俺がチームを組むためにほしいだけ。チームを組むときに4番やエースを集めようとする人もいるけど、「それの何がおもしろいの？」としか思わない。たとえばマリオカートですべてにおいて平均的に優れてるのがマリオだけど、俺はマリオを1回も使ったことないもん。

——なるほど（笑）。スタートダッシュは遅いけど、ほかを吹っ飛ばすパワーがあるドンキーコングとか、小回りがきくキノピオ

とか、鈴木さんはそういうのが揃っていたほうがいいわけですね。

鈴木　平均的にできる人間を集めたってつまらない。オカダと棚橋だって、いざタッグを組んでみたらおもしろくなかったじゃん（笑）。

――そのあたりの明言は避けさせていただきます（笑）。

鈴木　トップを集めたら凄いチームになると思ってるからつまらないんだよ。いままで俺がやってきたチームにそんなヤツはひとりもいなかったじゃん。タイチはいまでこそひとりでメインイベントを張れるような人間になったけど、最初は新日本からしてみればいらない人間だったんだよ。TAKAだってそうでしょ。だからおもしろいんだよ。なんでも平均的にできるヤツらじゃないけど、何かひとつ飛び抜けたものを持っているのを見つけたとき、「コイツはいけるぞ」と確信するんだよね。誰でもいいわけじゃない。

――なんでも持ってるわけじゃないけど、その人にしかないものを持ってる人がいいわけですね。

鈴木　TAKAみちのくなんてWWEで一世を風靡したけど、そのあとはずっとインディー界隈でちまちまやってたじゃん。そして人を裏切り、裏切られ、また集まってみたいな。でもその中に光るものがあるから一緒にやりたいと思うし、俺にはないものだからね。それはタイチも一緒。

――ある意味で凸凹した選手の集まりだったからこそ、鈴木軍はおもしろかったと。

鈴木　そして昨年末に鈴木軍を解散して新しいことを考えたとき、やっぱり無知で無謀で、何か光るものがあるヤツがほしいと思ったんだ。そういうのが集まったらアベレージは低いかもしれないけど、俺は確率でプロレスをやってないんで。確率という話でいえば、そもそも俺がプロレスラーになるっていう確率がゼロに等しいところからスタートしてるんで。「えっ、なに言ってんの？　レスリングで成績を挙げたからでしょ」って言うかもしれないけど、俺はゼロからスタートしてそこに行ったんだよ。

――レスリングは高校スタートで、それまでは未経験だったわけですもんね。

鈴木　「プロレスラーになりたい」って思った時点で、格闘技経験ゼロだったからね。高校でレスリングを始めたあともプロレスラーを目指してた俺をまわりは鼻で笑ってたけど、偶然にも新日本に入ることができて。入ったら入ったでほとんどの先輩から「ちっちゃい」「バカだ」「ダメだ」と言われて。そんな中でも「おまえ、おもしろいな」と言ってくれた人が数人いて、俺はその人の言うことしか聞かなかった。それが藤原（喜明）さんであり、アントニオ猪木さんであり、山田（恵一）さんであり、船木（誠勝）さん。

――その人たちも、鈴木さんの中に何か光るものを見つけたんでしょうね。

鈴木　それはわからないけど、俺自身が確率とか才能とは無縁だった。単に無知で無謀でバカだったけど、無理で無謀でバカじゃなかったらパンクラスなんか作ってないよ。

――分別のある大人だったら踏み出してないでしょうね。

鈴木　当時、25歳でキャリア5年だから。

――いまならまだヤングライオンと呼ばれてますよ（笑）。

鈴木　じつは俺、「ヤングライオン」と呼ばれたこともないからね。新日本の若手は山田さんとか武藤（敬司）さんの時代からヤングライオンと呼ばれていたけど、俺の若手時代だけ「ヤングライオン杯」がなかったんだよ。「おまえらはしょっぱいからやらない」っていう理由で。

――若手不作の世代でしたか（笑）。

鈴木　俺がデビューする前の年（1987年）まではヤングライオン杯があったんだよ。

――そうでしたね。1987年は蝶野（正洋）さんが橋本（真也）さんを下して優勝して、船木さんとか野上彰さん、UWFの安生（洋二）さん、中野（龍雄）さんも出場してたんですよね。

鈴木　あと片山（明）さんとか大矢（剛功）さんも出てたんじゃないかな。

――たしか出てましたね。

鈴木　それで次にヤングライオン杯が開かれるのは、俺が新日本を辞めた数年後（1993年）、天山（広吉）、小島（聡）、永田（裕志）、西村（修）の世代のときで、俺たちは狭間なんだよ。だからヤングライオンなのにヤングライオンと呼ばれなかったのは俺と飯塚（高史）ぐらいじゃないかな？

――図らずものちの鈴木軍という（笑）。

鈴木　それだけ特殊な過程を持った、平均的じゃない人間なんだよ。そして1993年に25歳でパンクラスを始めて今年で30年、その後ひとりでプロレスの世界に戻ってきたのが2003年だから、ちょうど20年前。

――パンクラス30周年で、フリーになって20周年の言わば記念イヤーなんですね。

鈴木　だからなんだというわけじゃないけどね。まだまだ俺は前に進んでいくから。そして今年に入りデスペラードとふたたび組むようになり、今度は成田（蓮）っていう若い選手に「ちょっとこっちに来いよ」と声をかけた。アイツは「サン・オブ・ストロングスタイル」つまり「ストロングスタイルの息子」なんていうキャッチフレーズがついてるけど、俺はキャラクター、自分の売り文句としてのストロングスタイルではなくて、「ストロングスタイル」と呼ばれた人たちのエキスを俺はすべて持ってるぞ、と思ったんだよね。

――それこそ世代的にもそうそうたる人たちと関わってますもんね。

鈴木　アントニオ猪木のエキス、山本小鉄のエキス、藤原喜明のエキス、カール・ゴッチのエキス、山田恵一のエキス、船木誠勝のエキス、前田日明のエキス、髙田延彦のエキス、異種格闘技戦のエキス、佐山サトルのエキス、これらをグチャグチャに混ぜてポイッと生まれたのが俺じゃんって。だから「先人が残したストロングスタイル、すべて俺が持ってるぞ」と言ったし、それがいま俺がレスラーとして存在しているいちばんの理由なんじゃないかっていう気もしている。

――そういうレスラーはほかにほとんどいないわけですもんね。

鈴木　だから俺は、成田の若さ、無謀さがほしいと思ったし、アイツがほしがっている「ストロングスタイル」というものを俺が持ってるんじゃないかと思ったんだよ。俺はいま名前を挙げた人たちとハタチそこそこでケンカをしてきたからね。本気でケンカして爪弾きにされて、業界の重鎮たちからは「あんなヤツ、抹殺しろ」って言われて。雑誌にも書かれたからね。

――『週刊ゴング』の「三者三様」とかで（笑）。

鈴木　俺はそんな人間なんで。でもいまもこうしてプロレス界の最前線で生きていて、目に見えるスタイルとかじゃなくて根底に流れてるものっていうのはそこだしね。

――キャッチフレーズにしなくても、ベー

スになっているのが間違いなくストロングスタイルだと。

鈴木　それがあってパンクラスがあったわけだから。いま総合格闘技を経験してプロレスのリングに上がっている選手は山ほどいるじゃん。でも俺はそういう選手たちとも違う。俺は自分たちでパンクラスという場所を作って、それで10年間メシを食って。試合をやったのは60戦くらいで、いちばん上のチャンピオンから、いちばん下の引退ギリギリのところまですべて経験させてもらった。だから格闘技を経験したプラスもマイナスも知っているし、いまの俺のプロレスにすべて跳ね返ってきている。

――いまの新日本では凄く特異な経歴ですよね。

鈴木　かといって、俺は若い成田にそういった自分の経験を教えて、引っ張り上げて育てようなんていう気持ちは毛頭ない。成田が俺を利用するのは勝手だけど、俺にとってアイツは俺自身が攻め込むためのものとして存在しなきゃいけないんで。鈴木軍を解散したのも、新勢力を作ることも、自分がトップに立つため。IWGP世界ヘビー級のベルトを獲るためだから。

――そこは揺るがないと。

鈴木　だって俺がプロレスラーになろうと思ったのは15歳の6月、第1回IWGP（1983年）決勝でアントニオ猪木がハルク・ホーガンに負けて「俺がホーガンを倒してあのベルトを獲る」と思ったのがきっかけだもん。だからベルトのデザインや名前はちょっと変わったけど、俺をこの世界に導くためにできたものがIWGPとしか思ってない。

――鈴木みのる物語の中では最初からそういう位置づけなんですね。

鈴木　「そんなのは鈴木の勝手な妄想だろ」「アイツ、なに言ってるんだよ。バカじゃねえの」って言われるだろうけど、いいんだよ。これは俺の人生であって、俺がそう思っているだけだから。

――自分の人生だからこそこだわるわけですね。

鈴木　ただ、ずっと手が届きそうなところまで行っても届かなかったからこそ、「何か変えなきゃいけない」「このままじゃ俺はこれで終わる」と思って鈴木軍を解散して、新勢力を立ち上げようとしたわけだから。とはいえ、ベルトに手が届けば物語が終わるかといえば、終わらないんだよ。俺はさらに先も見てるんで。みんな「自分の年齢考えてみろよ」って言うだろうけど、勝手に言わせておけばいい。そういえばこないだ中村あゆみさんからまたLINEが来たんだよ。『風になれ』にまた大変なことが起きました」って。

――またヒットチャートが上がったんですか？

鈴木　もうすでにアメリカとかイギリスでは、J-POPランキングで1位を獲ってるんだけど、今度はまたiTunesストアのJ-POPランキングがトルコで1位、ニュージーランドで2位に新規ランクインしたんだって。

――今度はトルコとニュージーランドですか。これは「鈴木みのるのテーマ曲」としてですよね。

鈴木　いまから30年近く前に作ってもらった曲が、まだまだ世界に広まり続けてるんだから、俺もますます世界に攻めていくつもりだよ。

KAMINOGE NEW WORLD ORDER

収録日：2023年1月11日
撮影：タイコウクニヨシ
構成：井上崇宏

やっちゃえ2023！
ボクシングデビューを迎える
“神童”の本音を引き出すべく、
煽りVアーティストを投入!!

［神童］那須川天心
［映像作家］佐藤大輔

「世の中は自分が思っていた感じとは違っていたというか、けっこう汚いことが多いんだなっていうのを理解したんですよ」（天心）

「天心は英雄であり、いろんな人を幸せにする革命家にもなれる可能性がある。これからもお供しますのでよろしく頼むぞ」（佐藤）

「俺と対等に会話するファイターって天心だけかもしれない。自分からアイデアを発信してくれるんだよね」（佐藤）

――那須川さんは昨年末のM－1で、登場順を決める笑神籤を引く役をやっていましたよね。あの姿にいままで感じたことのない大物感があって。

天心　マジッスか？

佐藤　過不足ないというかね。あの場にビビってもないし、余計なことも言わないし。

天心　あっ、SDも観てたんですか？

佐藤　あのさ、そのSDってのはなに？（笑）。

天心　いや、隠語です。

――アハハハハ！

佐藤　本人を目の前にして、隠語で呼ぶんじゃねえよ！　普通にイニシャルだろ（笑）。

――いや、SDはそんなことないと思うけど、私はマジでもうこうして気安く会いに来たりしちゃダメな人なんじゃないかっていう思いがありますよ。

天心　いやいや、そんなことはないですよ。

――じゃあ、私のことはどう思っています？（笑）。那須川天心物語にはもう不要な人物じゃないですか？

天心　えっ、不要じゃないッスよ。どういうことッスか？

佐藤　要するにもう住む世界が違うっていうかさ。

――住む世界が違うし、そもそも格闘技界にいたときからべつに不要だし（笑）。

天心　まあ、交わることがそこまであったかといえば、そんなにはなかったですよね。

――なのに付き合ってくれているのは、どういう計算が働いているのかなって。

佐藤　那須川算ね。いや、天心にそんな計算をする意味がないだろう。井上さんが人に対してそんな計算ばっかやりすぎだからそう思っちゃうのよ。

天心　俺、井上さんに関しては真剣に話のできる人っていうか、おもしろいから話をしてて、だから勉強になるとかじゃないですけど、いると場が和むっていうか。

佐藤　特にタメにはならないけど、っていうね。違うか（笑）。

――要するにチル要員でしょ？

天心　温泉水みたいな感じッス。

――うれしい（笑）。じゃあ、SDのことはどう思ってます？

佐藤　ファイターからしたら、俺はおもしろいお兄さんっていうか、話のわかるくだけたおじさんみたいな感じだろ？

天心　いや、そんなふうには思ってないですよ（笑）。

佐藤　あっ、違うか。そうは思ってないのか？

天心　思っていないですよ。たぶんＳＤは人によるっていうか、ＳＤの言うこととかがわかる人にはおもしろくて「なるほど」と思って付き合えるんですけど、そうじゃない人はＳＤとは向き合えないでしょうね。「え？　いまのどういうことっスか？」みたいな。

佐藤　微妙に怖かったりもするのかな？

天心　「プレッシャーきっつぅ。この人、マジか？」みたいな。

佐藤　マジかい……。

――あっでも、このＳＤと対等に会話しているファイターって、那須川天心以外に見たことがないかも。あと誰かいます？

佐藤　上から来るヤツは五味隆典だね。

――それは制してくる感じですよね。「おまえ、わかってんだろう？」みたいな。

佐藤　青木真也もちょっと違うし、たしかに那須川天心だけかもしれない。天心って「これでいこうよ」っていうのを自分からアイデアを発信してくれるんだよね。

――あとはちゃんとダメ出しをできる男というか。

佐藤　俺は天心にダメ出しされたことはないけど。

天心　でも違うと思ったら「それは違う」って言うっスね。

「やってることは選手の感覚だけじゃなくて、プロデューサーだったり、全部を客観的に見る総合演出をやっていたつもりです」（天心）

――それをＳＤは聞けるでしょ？

佐藤　もちろん、もちろん。正しいもん、全部。「よく考えてんな」って。でも普段からあれこれ考えてるっていうよりもけっこうアドリブよね？

天心　あー。

佐藤　「このほうがいいんじゃないですか？」って言って、そのアイデアを話しているときは、もう次の違うことを考えてるんだよね。とにかくＲＩＺＩＮを辞めてから、ＲＩＺＩＮに対するダメ出しがひどい（笑）。

天心　いやいや！（笑）。

――大会のレビューが？

佐藤　レビューが。いちばんＲＩＺＩＮのことが好きよ、この人。

天心　そりゃ好きですよ。めっちゃ好きですよ。

佐藤　だから「もっとこうしたほうがいい」とか言ってくるよね。

天心　ダメ出しっていうか、「俺だったらこういうふうにするな」とか、自分は選手として出てましたけど、やってるこ

とは選手の感覚だけじゃないんですよ。自分の中ではプロデューサーだったり、会場の雰囲気とかを全部客観的に見る総合演出をやっていたつもりです。

——たとえば、こないだも巌流島で矢地祐介vs木村ミノルが決まったときに「あ、矢地さんは会見ではこういう角度で話したほうがいいですよね」みたいなことを言っていて。

佐藤　だから天心がそういうことを考えているとかって、みんな知らないんじゃない？

——たぶん知らないですよね。同じファイターとして「俺ならこうやって盛り上げるな」っていうアイデアはわかるけど、イベント全体とかも語るでしょ？

天心　そういうの好きっスね。っていうか、見ればわかるんですよね。

佐藤　試合順がどうこうとか、使う音楽がどうとか。

——だから口癖が「わかる」と「見える」なんですよ（笑）。

天心　あー。

——「なんか見えるっスよね」みたいな感じで、ちょっと先の未来とかを語りますよね？

佐藤　「わかるっス」はよく言うよね。

天心　「わかる」はけっこう言ってますね。たしかに口癖ですね（笑）。

佐藤　だから、いろんなことをめちゃくちゃ考えてる人って

いうことだよ。だって、このおっさんたちとうまくというか、仲良くやれる若者っていないだろ（笑）。すなわち想像力が同じレベルっていうことよ。

天心　あっ、だからほかの人に話しても「通じないな」っていうことがけっこうあるっスよ。だったらもう話さなくていいやみたいな。

——前に「仲のいい友達ですら、どんどん話が通じなくなってきた」って言ってましたよね。

天心　はいはい、そうっスね。

——最近の私はまさにその状態ですよ。もう少しで脱落します（笑）。

天心　マジっスか？

佐藤　俺はもうとにかくパクろう、パクろうみたいな感じ。もう、この男が言ったことをやろうっていう。20個ぐらい下にそういう人がいるってうれしいよね。10個下にはいないからさ。

天心　SDはいまいくつですか？

佐藤　48。

天心　倍っスよ。

佐藤　で、天心って人と付き合ってるというよりも、その人が作った作品で付き合ってるわけですよ。

天心　あっ、なるほど。たしかに俺、あまり人に興味ないです。だから昔から憧れる人とかいないし、人に対してあんまり興味が湧かなくて、ふたりきりで話し込むとかもできないんですよ。
佐藤　自分と何かを一緒に作る人でしょ。
天心　そうです。何かを一緒に作る人だったら、その先について凄く興味があるんですけど。だから人っていうよりかは「なんでこの人はこれをやってるのか」っていう部分が気になるっス。

「『勝ったらこんなふうに言いなよ』って俺が言って、それを天心が実行したりとか。そうしていろいろと語り合うようになった」（佐藤）

佐藤　どういう思考でこれができたのかとかね。いや、俺も人に興味ないかも。
——いやいやいや、人依存じゃないですか？　人中毒。
佐藤　違うか。でも俺は友達がいないじゃないですか？（笑）。
天心　だって48年間生きていて、友達の家に行ったことがないんですよね？
佐藤　それ、バラすなよ（笑）。今日もこうして遊びに来てんじゃん。
——那須川天心も友達にカウントしちゃう弱さ（笑）。
佐藤　俺たち友達じゃないの？　ほかにも所英男の家にも行ったこととかあるよ。
——またファイターだし。
天心　だから距離感じゃないですか？　人との距離の取り方がちょっと下手っていうか（笑）。
佐藤　そうなの？　それ、やりづれえなあ。そういう意味ではみなさん、普段から包み込んでいただいてありがとうございます。
——そんな男ともこの若さで対峙できる那須川天心。やっぱり世代が全然違うと、見てきたものとか景色とかもまったく違うのに。
佐藤　でも俺はそこで全然違うって思ったことはないからね。
天心　本当っスか？
佐藤　うん。それはもう出会った初期から感じたことがない。だから距離が縮まったなと思ったのが、ＬＩＮＥで「勝ったらこんなふうに言いなよ」みたいなことを俺が言って、それを天心が実行したときとか。そういう部分ではいろいろと語り合うようになった。
天心　信頼感が握れたかなって思いますよね。
佐藤　でも、それはフジテレビとしての意見だと思ってたんだよね？（笑）。
天心　そうっスね。佐藤さんのことをまだあまり理解してなかったんで、謎の人だなっていうのはありながらフジの人だと思って話をしてました（笑）。だから「これはフジテレビからの意見だ」っていう。

佐藤　カッカッカ！　でも楽しかったよね。VTR用のインタビューがポンと始まって、そこで一緒にいろいろできるから。「なるほど、今回はこうきたか。逆にこうはどうだ？」みたいなさ。桜庭（和志）さんみたいなタイプはけっこう事前にアイデアを押しつけてくる感じで、それは俺のやりたがることを上塗りしたいからなんだよね。俺が作る桜庭和志のイメージを塗り替えたいから。もっとふざけさせたいのよ。

――それと仕事に加わりたいんだよね。

佐藤　それもある。それで変な入場をしてみたりだとか。で、青木真也はそれを自分でがんばってやろうとしてるってことだよね。

――自分ひとりで煽るぞ、みたいな。でも青木さんも日々あれこれ考えてますよね。

佐藤　青木の場合はコンプレックス発だから。

天心　自分の悲しみだったりとか？

佐藤　そうそう。妬みとか嫉みとか。天心にはそれはあんまりないんじゃゃない？

天心　俺はないっスね。コンプレックスがないですし、生きていてストレスがないですね。

――大小問わず、コンプレックスを感じたことがないんですか？

天心　まず、コンプレックスってなんですか？

佐藤　だから嫉妬とかさ。誰かと比べて自分は劣っているっていう劣等感とか。

天心　ああ、昔はあったっスよ。子どもの頃は自分より目立っている人が嫌でしょうがなかったですね。テレビを観ていて、東京ドームをめっちゃ埋めて歌を歌っている人とか。

――ああ、同級生とかじゃなく。

天心　大人ですね。「俺のほうがいける！」みたいな。

「カルチャーショックみたいな感じというか、メイウェザー戦が終わってから見る世界が変わっちゃったんですよ」（天心）

佐藤　子どもの頃に東京ドームでライブをやっている人に対して「くそっ！」って思ってたの？

天心　思ってましたよ。俺、最初に三代目（Ｊ Ｓｏｕｌ Ｂｒｏｔｈｅｒｓ）のライブに連れて行ってもらったとき、まだ後楽園ホールでしか試合をしてなかったんで本当に悔しくて仕方なかったんですよ。だから楽しめなくて。それ以降もコンサートとかを心から楽しむのがほぼなくて、もう「ハアッ？」みたいな感じになりながら旗を振ってるみたいな（笑）。

佐藤　それでも旗を振ることは振るんだ（笑）。いや、それが神童たるゆえんよ。たしかにオリンピックとかワールドカップの期間中はおかしくなるよな？

――カリカリしてるんですか？

佐藤　「なんで盛り上がってんですかね？」って言ってくるよな？

天心　いやいやいや！（笑）。盛り上がるのはいいんですけど、なんか心の中で「俺だったらもっといけるし」みたいなのがずっとあるんですよ。

佐藤　だから対象が大きいだけで青木にも近いものがあるんじゃない？　青木はもうちょっと近い同族を嫌悪する感じだけど。人間って学歴コンプレックスとか身長コンプレックスとかいろいろあるもんだよね。

天心　俺はないですね。生まれ変わっても俺がいいです。

佐藤　それで来世でも、また「ワールドカップ、これでいいんですかね？」って言うのか？

天心　やめてください（笑）。いや、めっちゃ盛り上がってたし、単純に凄いなと思いますけど、あれって日本の中でもっともっと盛り上がれるエンタメだと思うんですよ。だけど「日本中が」って言っているだけで、実際は日本中で盛り上がっていたわけではないじゃないですか？　もっと本当に日本中が熱狂できるやり方があるんじゃないかと思ったんですけど。

佐藤　こないだの大晦日も、ＲＩＺＩＮが終わって帰りのタクシーに乗っているときに天心から電話がかかってきて、「今日のやつはどうなんですか？」みたいな。もうＲＩＺＩＮが大好きだなって（笑）。天心はＲＩＺＩＮに関しては盛り上がってほしいと思ってるし、でも自分が不在なのに盛り上がっちゃうのも嫌なんでしょ？　たとえばＰＰＶの数字を超されたら嫌でしょ？

天心　そりゃ超されたら嫌っスよ。万が一超されたら、それを取り返すためだけのために1回格闘技に戻ってやるかもしれないですね。

佐藤　おー！

天心　でも日本国内で超されることは絶対にないんで。

佐藤　これはいい話だよ。ファンもみんな喜ぶよ。

天心　だから「全部を自分がやりたい」っていうのがあるんですよ。なんか本当に祭りを盛り上げたいっていう気持ちがデカいんですよ。

佐藤　瞬間瞬間のエンターテインメントの最大値を常に自分が記録していたい。

天心　っていうのもありますね。昔からそうでした。

佐藤　お祭りごとが好きなのかな？

天心　お祭りごとは好きです。祭りがいちばん好きでしたもん。祭りが本当に大好き、マジで！　だから公園でやってる地元の祭りとか超行ってましたから。

――「お神輿キターー！」みたいな？（笑）

天心　いや、マジでそんな感じですよ。「うわっ、アツー！」みたいな（笑）。

佐藤　それを客観視して「こうだからおもしれえんだろうな」って分析したりするんだよな。

――ああ。こうこう、こうして人は踊ってるんだって。

天心　そうですね。だから自分も常に見られているっていうことを意識してますし、「こうなったら、こうなるんだ」っていうのを考えながら生きています。こういう感覚っていつからなんだろうな？　メイウェザー戦ぐらいからなんですかね？

――私は前々からその説を唱えていますけど。メイウェザーと対峙したことで、メイウェザーのやり方というか物事の進め方みたいなものを吸収してしまったんですよ。

天心　カルチャーショックみたいな感じというか、メイウェザー戦が終わってから見る世界が変わっちゃったんですよ。

「武尊戦もRIZINのリングでやる、すなわち自分のホームでやるってことにずっとこだわっていたよね」（佐藤）

――だから今回も取材日をなかなか出してこないとか、ちょっとカマしてくるところがメイウェザーっぽいですよね。

天心　いやいやいや！（笑）。

佐藤　ああ、そこか。

――そういうことをやるのって完全にメイウェザー戦以降からでしょ？（笑）。

天心　違いますって（笑）。

佐藤　試合も常に自分の間合いを作る。

――今日は貴重なお時間を割いていただき、本当にありがとうございます……。

天心　俺、そういうの嫌いですよ（笑）。

佐藤　いや、天心は俺に対してもそういうところあるよ。だってさ、自分から「いつヒマっスか？　近々メシ行きましょうよ」って連絡してきておいて、「じゃあ、ここここ空いてるよ」って返しても、全然既読にならないもん。

天心　そういうのはあるかも（笑）。なんか予定を決めるっていうのが好きじゃないというか、自分の感覚で常に生きていたいんですよ。申し訳ないですけど（笑）。

佐藤　まあ、いいよ。お付き合いしますよ。

天心　だから、そういうのがわかってくれる人と付き合うようにしていますね。「これがこうで、こうじゃないと」っていうのじゃない人たち。日にちとかタイミングとかって全部巡り合わせだと思っているんで、時間が合わないならタイミングじゃないんだなって。

佐藤　いまこれ、『THE MATCH』が決定するまでの経緯をすべて語っているからね（笑）。

――なるほど。闘う日にちを決められたくない（笑）。

佐藤　すべて自分のタイミングでやりたいから、「なんで、このタイミングでやらなきゃいけないんだ？」っていう。

天心　それはあったっスけど。

佐藤　本当に榊原信行さんは憔悴しきっていたからな？

天心　へえー。

佐藤　でも天心もなかなか落ちなかったよな？

天心　なんかまだ手札が絶対にあるっしょって思っていたんですよ。「まだなんか隠し持ってるっしょ。まだ出せるっしょ」みたいな。

佐藤　全力で俺を口説いてくれたと。

――そうしてバラさんのポテンシャルを全部引き出した（笑）。

佐藤　そして結果、最高のものになったということだよね。

天心　そうですね。自分は最高のものを常に作りたいんで。

佐藤　あまり詳しいことは話せないだろうけど、本当は天心はＲＩＺＩＮでやる、すなわち自分のホームでやるってことにこだわってたんだよね。

天心　そうですね。でもそうはならなかったので「納得するしかないか」って感じでしたね。

佐藤　俺らからすると「結果、俺らがやったらＲＩＺＩＮじゃん」っていうのがあるんだけどね。まあ、フジテレビの放送がなくなったけど。

天心　だから試合の前日までは多少不安があったんですよ。ムードがちょっと向こう寄りなんじゃないかとか。でも当日、東京ドームに入ったとき、リングチェックしたときとかに「この空気だ！」と思って。

佐藤　これは俺の場所だと。

――マイホーム。

天心　そこで「よし！」ってなりましたね。

佐藤　だけど一方の武尊もドームに足を踏み入れて、めちゃくちゃアガってたんだよ。武尊は武尊で嬉しくて興奮してるわけ。だから両者ともにポジティブだよね。しかし我々、あれでお別れだなんてさみしいですね（笑）。

天心　いやいや、ＳＤが弱気じゃないですか。これからもよろしくお願いしますよ（笑）。

「ＲＩＺＩＮって自分が思っていることを超えた提案をしてくるんで、『じゃあ、もっとやってやるっしょ！』ってなれた」（天心）

――いや、何度も言いますけど、やっぱりメイウェザー戦以降ですよ。那須川さんがもう一段覚醒したのは。

佐藤　あれでちょっとひねくれちゃったんじゃないの？

天心　ひねくれてはいなくて、世の中って自分が思っていた感じとはちょっと違っていたっていうか、けっこう汚いこと

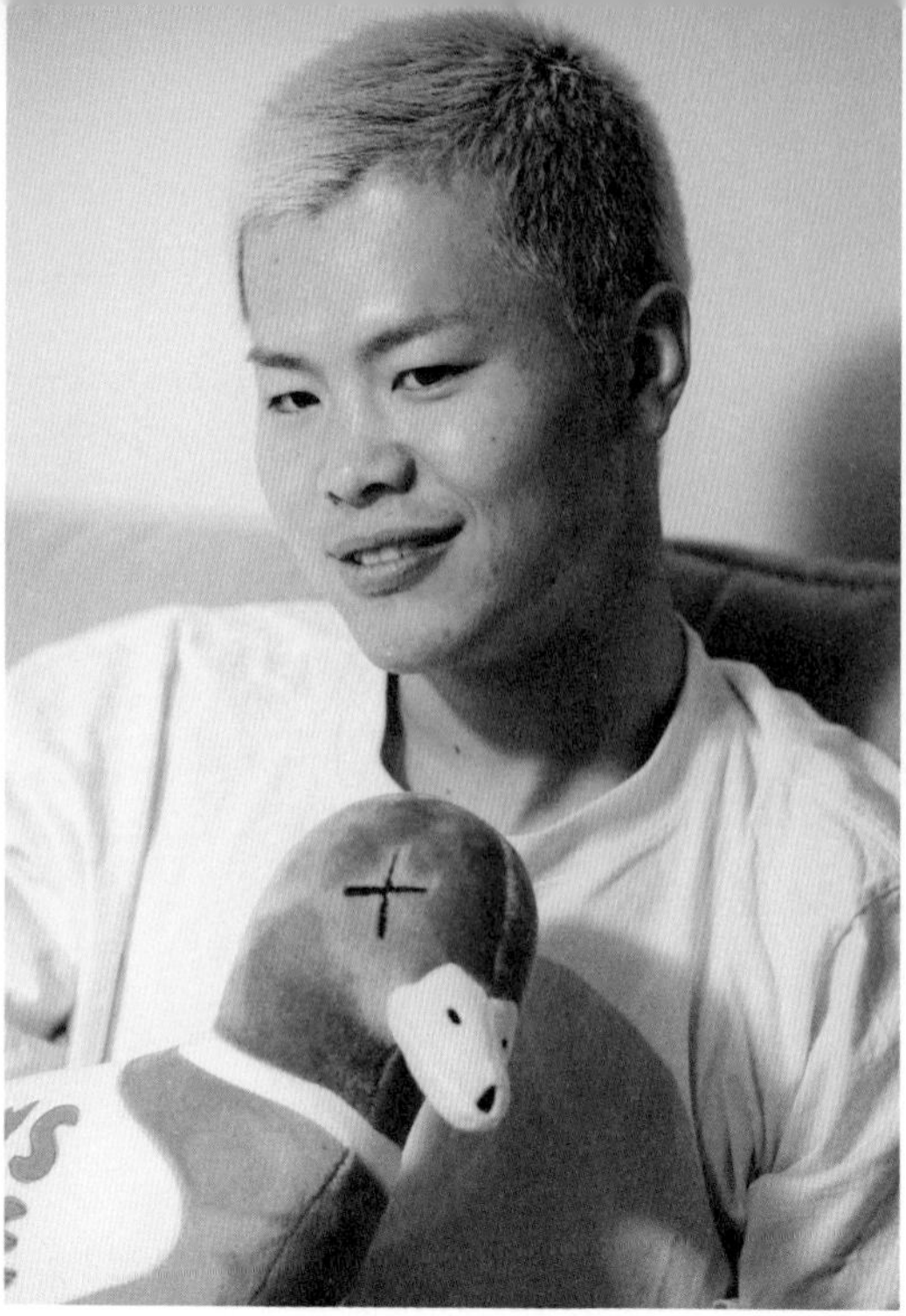

が多いんだなっていうのを理解したというか。それまではそういうのを知らなかったんで「なるほどな」みたいな。「じゃあ、この世界はこうやって生きればいいんだな」っていう。

——ちょっと生き方のルール変更したと。

天心　そうそう。

——だから、そのあたりから言い始めたのは「大人は信用できない」っていう。

佐藤　でもさ、小さい頃からいろんな大人を見てきたわけだろ？　俺は最初から堂々としたもんだなと思ったけどね。だからルールを変更したっていうか、ゲームは自分で作るもんだっていう意識が出てきたんだよな。誰かにゲームのルールを決めさせちゃいけない。それは競技のルールってことじゃなくて。

天心　そうですね。そこは常に思うっスけどね。そっちのほうが絶対に楽しくできると思います。

佐藤　いま思い出したけど、ドームでのリハーサルのときにさ、リングに入場してきたときにスタッフみんなに拍手してんの。そこでスタッフたちの心をもしっかりと掴むっていうね。だから座長ですね。

天心　だから「俺がやれば全部締まる」っていうのを意識してますね。試合から何から。

——じゃあ、「預けてくれ」っていう感じですね。「もう俺にまかせてくれ」と。

天心　「まかせろ」って思ってますね。「やってやるから」って。でもRIZINって自分が思っていることを超えた提案をけっこうしてくるんですよ。

——ああ、なるほど。それはいい関係ですね。

天心　「ああ、こういうことね。じゃあ、もっとやってやるっしょ！」みたいになれるんですよ。

佐藤　まあ、最初が「ＭＭＡやれ」から始まってるからね（笑）。

天心　あのとき、自分がＭＭＡをやることに対してめっちゃ否定されたっスけど、俺はめっちゃワクワクしたっスもん。

――「ナイスアイデア！」と。

天心　凄くワクワクしました。だって当時、那須川天心って誰も知らなかったじゃないですか？　キック界では知られていましたけど、その枠を超えたところは誰も知らないから、「なにしてもいいっしょ！」みたいな感じでやってたっス。だからいまも俺はその感覚でいるんですよ。次、ボクシングじゃないですか。

佐藤　ボクシング界にとって、天心はエイリアンだもんね。

天心　だからいままでの経歴とかは自分でもマジでなんにも気にしてなくて、ニューで新しいところに飛び込むし。やっぱり客観的に見ると、最初はボクシング界からは敵扱いされると思うんですよ。ボクシングが好きなお客さんとかも「やられちまえ」とか思うと思うんですよ。でもそういうの大好きなんで、すげえワクワクします。

佐藤　でもさ、ボクシング界から天心に対する外様の空気っていうのはあるか？　だって金の卵なわけじゃん。

天心　まあ、そうなる感じもしますけどね。

佐藤　普通に考えたらそうだろ。だからこそ最初の何戦かはめちゃくちゃ重要だよね。

天心　超ワクワクしてますよ。

佐藤　いまや那須川天心は試合の結果だけじゃなくていろんなものを問われるんだよ？　どれだけ経済効果を生むかとか。大変だな。

天心　全然っスよ。プレッシャーとかないっスもん、マジで。俺がやる。かますだけです。

「天心、俺らの言うことを聞いてれば大丈夫だからな？　俺はこのまま去るでもいいんだけど、なんか手助けはしたいよ」（佐藤）

――いま24で、まったく疲弊していないですよね。たぶん人生、ボクサーで終わらないでしょ？

天心　終わらない気がしています。

佐藤　だから俺もよくバラさんと話すんだけど、「次のプロモーターは誰だ？」と。まあ、朝倉未来、那須川天心、思いつくのはというか、同じ言語でしゃべれるのはこのふたりくらいかなって。だから引退してからもやってほしいよね。

天心　最初は格闘技に関して凄くやりたいことって、プロモーターだったりプロデュースすることだなと思っていたんですけど、なんか自分が最近思っているのは「それじゃあ規模が小さいな」と。

佐藤　まあ、ワールドカップには勝てないよ。
天心　だから日本中を変えようと思っています。いま元気がないじゃないですか、日本。いろんな問題があったりとかして「いいことないな」って思って生きている人が多数なんで、それを変える仕組みを作って、勝手にひとりワールドカップ、ひとりオリンピックみたいな。
佐藤　もうちょっとデカいところだよね。
天心　これまでは格闘技を広めたいというか、キックを広めたいっていう気持ちがあったんですけど、いまは格闘技全体をどうこうっていう気持ちはなくて、自分自身を広げていって、自分と同じマインドを持って「やってやろうぜ」という人を増やすことをしたいなって思っています。
佐藤　それをやるにはどうすればいいかっていうのを考えてると楽しい？
天心　はい。めっちゃ考えてますね。
佐藤　じゃあ、バラさん以上だな。アントニオ猪木だな。もう頭はそこまで行っちゃったんだよね。猪木さんはそれでちょっとお人好しで、人から騙されやすいっていう面もあったんだよ。だから感覚的にそういう欲求や才能を持っていて心配するのは「悪い大人に騙されるなよ」だよ。
――私はそこはあまり感じないんですよ。誰かにいいようにやられそうな心配がないというか。
天心　自分もないですね。けっこうそういう人は空気でわかるんで、そこには寄らないほうがいいとか、そこでは自分を出さないようにしておこうって思っています。たとえば、そういう場所にいたとしてもただいるだけ。
――無（笑）。
天心　「ああ、そうですね。はい」ってニッコリしてるみたいな（笑）。
佐藤　天心。俺らの言うことを聞いてれば大丈夫だからな？
――アハハハハ！
天心　こういうSDみたいなタイプがいちばん怪しいですよ（笑）。
――アハハハハハ！
佐藤　いやいや、頼むよ。俺は天心にあやかりたいよ。天心がもっと違うステージ、もっと違うエンターテインメントまで行っちゃうのなら、俺はこのまま去るでもいいんだけど、なんか手助けはしたいよね。
天心　いや、俺が行っちゃっても、近くにSDはいたほうがいいです。
佐藤　やった！
天心　いなきゃダメですよ。ただ、なかなか難しいですよね。SDがやってることを理解するっていう人がいるかどうか。
――SDを脅かす才能を持った人とか後継者的な人って過去

にいた？
佐藤　いない。
天心　もしいたら、普通に潰しますよね。
佐藤　潰すか、取り入れるか。
天心　こっちだってガチでやっているわけだから、そんなのが出てきたらプレッシャーをかけるだけですよね。そこはアメリカのスタイルです。

「自分で優等生だとは思ったことがないんですよ。思ったことははっきりと言うし、誰かのために何かやるとかっていうのもないし」（天心）

佐藤　そうかもね。
天心　だから逆にSDのプレッシャーに飲まれない人がちゃんと出てくればいいっスよね。そうしたらたぶんいい関係で一緒にできるんじゃないかと思います。やっぱ最初のプレッシャーでみんな媚びちゃうじゃないですけど。
佐藤　やっぱりイズムみたいなものって、直接の後輩じゃなくてちょっとズレたところで受け継がれるよね。
——遠くから見ている人のほうがちゃんと正しく受け取るっていうか。
佐藤　しかも映像の仕事をしている人じゃなくて選手だったり。
天心　ああ、なるほど。
佐藤　だから天心のやっていることが、また10個くらい下の人たちに影響を与えて、そういう人たちに受け継がれる可能性はあるよね。
天心　たしかに。俺、SNSとかけっこう見るんですけど、俺が思っていることを完璧に当ててる人って本当にいないんですよ。誹謗中傷とかもけっこうあるけど、なんか全部違うんですよ。だから何も感じないんですよね。自分のことを当ててくる人に会いたいなっていうのはあるっスね。

――なんか多くの人が思っているであろう、優等生タイプではけっしてないですよね。

天心　自分で優等生だとは思ったことがないんですよね。まわりがどう見るかはわかんないんですけど、思ったことはちゃんとはっきり言わないとダメだと思っているし、誰かのために何かやるとかっていうのもないですし。

――綺麗事を述べているつもりもないし。

天心　綺麗事を言っているつもりはないですね。言葉に関しては、発信するときはすべての人に通ずることを言うように意識していますね。格闘技の人だけじゃなくて、どんな世代、どんな職業の人でも「ああ、そうだな」と感じてもらえるような、そこは意識しています。

佐藤　あと目先の数字に囚われていないっていう感じはするね。

天心　それはありますね。だからこそ、そういう目先の数字を追っかけている人は自分とは対局にいる人なので逆に興味があります。自分が思わないことをやっている人だから。

佐藤　天心は革命家になれる可能性があるよ。俺はよく「英雄か、革命家か」って考えるんだけど、英雄っていうのは自分がヒーローになる人。革命家はいろんな人を幸せにできる人。俺、アントニオ猪木やバラさんは革命家だと思う。で、天心は両方あると思ってる。英雄であり、革命家でもあると。けっこう人を見るときってそうやって見ない？　「どっちのタイプかな」って。

――いや、身近にあまり英雄とか革命家がいないから。長州力ぐらいだから（笑）。

佐藤　日本でいちばん有名な革命家ですよ（笑）。しかし天心、『ＴＨＥ　ＭＡＴＣＨ』の前は、おまえ、変な感じだったよな。

天心　変っていうか、感情がなかった感じはありますよね。

――なんかぼんやりしてて、ちょっとした鬱状態でしたよ。

天心　本当ですか？

――はい。「うわ、心配だなあ」って思いましたもん。

佐藤　『ＴＨＥ　ＭＡＴＣＨ』前は、あまり人とも会ってなかったしな。

天心　でも重要な人とは会ってるんですよ。キーポイントみたいな。ＳＤもそうだし、井上さんとも試合の何日か前に会ったんで。そういう人とはこうつながっていくんだなっていうのはありましたよね。

佐藤　で、いざ『ＴＨＥ　ＭＡＴＣＨ』が終わったら、めちゃくちゃスッキリしてたな。

天心　ＳＤも『ＴＨＥ　ＭＡＴＣＨ』が終わったあとは、

ちょっとモテたんですよね？

佐藤　おまえ、ここでそういうことを言うなよ。まあまあ、それなりにですよ（笑）。

天心　じゃあ、俺はまわりも幸せにする革命家ってことですよね（笑）。

佐藤　そうだよ。だからこれからもお供しますので、よろしく頼むぞ。違うか（笑）。

那須川天心（なすかわ・てんしん）
1998年8月18日生まれ、千葉県出身。
5歳から極真空手を習いはじめ、その後キックボクシングに転向して16歳でプロデビュー。プロ6戦目、史上最年少16歳でRISEバンタム級王座を奪取。17歳でISKA世界王座を獲得。その天才的なセンスとテクニック、並外れたKO率から「キックボクシング史上最高の天才」「神童」と呼ばれた。2016年12月29日にはRIZINでMMAデビューも果たし、2018年の大晦日にはプロボクシングの元世界5階級制覇王者のフロイド・メイウェザー・ジュニアとボクシングの非公式戦で対戦するなど、キックの枠にとどまらない活躍を見せる。2021年4月、ボクシングに転向することを発表。2022年6月19日、東京ドームで開催された『THE MATCH 2022』で武尊と対戦。キックボクシングラストマッチとなったこの一戦で5-0の判定勝ちを収めた。キックボクシング42戦42勝、MMA4戦4勝、ミックスルール1戦1勝。

佐藤大輔（さとう・だいすけ）
1974年11月12日生まれ、東京都立川市出身。映像作家。PRIDE,DREAM煽りVアーティスト。
慶應義塾大学卒業後、1997年にフジテレビに入社。PRIDE中継の制作に参加。秀逸な選手紹介映像（通称・煽りV）で高い評価を得る。2006年10月にフジテレビを退社後、佐藤映像を設立。現在はRIZINの映像制作を担当。その他、映像作家として格闘技以外の分野でも幅広く活躍している。

収録日：2023年1月7日　試合写真：山内猛　構成：堀江ガンツ
撮影：タイコウクニヨシ

UWFスタイルを愛し、日本のプロレスヒストリーにも造詣が深い。蒼い瞳のケンシロウが憧れの鈴木みのるとハイブリッドトーク!!

KAMINOGE HYBRID CONSCIOUS

［第2代キング・オブ・パンクラシスト］
鈴木みのる

［第7代UFC世界ヘビー級王者］
ジョシュ・バーネット

「パンクラスが完全なMMAになったとき、『俺の役目はもう終わった』と思ったんだよ。それでまたプロレスの世界に戻ってきたんだ」
「格闘技の技術的なことじゃなくて、プロレスへの取り組み方、考え方、アティテュードが重要。猪木さんの〝燃える闘魂〟もそうだよね」

INCE2015
Gotchstyle
CELEBRATION OF DAM

「アメリカには選手を育てるメソッドや環境が何もなかったので、パンクラスも含めた日本の〝新弟子〟システムがうらやましかった」（ジョシュ）

——今回は対談のための顔合わせじゃなくて、もともとジョシュさんは取材がなくてもパイルドライバーに遊びに来る予定だったんですよね？

ジョシュ　そう。日本に来たならブラザーに会いに行かなきゃいけないからね。

鈴木　ジョシュから連絡もらったんで、『KAMINOGE』に「1月7日にジョシュが来るよ」って教えたら「対談をやらせてください」って言ってきて、やることになったんだよな。

——ちゃっかり相乗りさせていただきました（笑）。おふたりはいつからの付き合いなんですか？

鈴木　最初は2003年にジョシュが新日本に来たときじゃないかな？

ジョシュ　たぶん、そうだと思う。

——ジョシュさんは、もちろんそれ以前から鈴木さんのことはご存じだったわけですよね？

ジョシュ　新日本、新生UWF、藤原組、そしてパンクラスという歴史も知ってたよ（笑）。

鈴木　ジョシュはオタクだから、俺本人が忘れていることまで知ってたりするから（笑）。

——ちょうど今年はパンクラス創立30周年を迎えますけど、ジョシュさんはパンクラスという団体ができたことは、プロレス、格闘技の歴史の中で凄くエポックな出来事だと思いますか？

ジョシュ　もちろん。プロレスから格闘技への一大転換であり、アントニオ猪木、カール・ゴッチという源流から、新日本、UWF、藤原組という進化の流れが、パンクラスに集約されたんだと思う。

鈴木　ジョシュはそういう話がうまいねえ。

ジョシュ　ボクは歴史が大好きだから（笑）。総合格闘技というものは突然始まったのではなく、日本のプロレスにおいては歴史の必然だった。だから新日本、UWF、藤原組を経た、鈴木さんと船木さんのふたりが始めたというイメージもパンクラスにとっては重要だったんだ。

——鈴木さんは先日、新日本の成田蓮選手に対して「先人が残したストロングスタイル、俺がすべて持ってるぞ」と言っていましたよね。

鈴木　そう。すべて俺が持ってるんだよ。アントニオ猪木、カール・ゴッチ、藤原喜明、山本小鉄、前田日明、髙田延彦という人たちみんなと、本気で関わり、ぶつかってきたから。

ジョシュ　アメリカ人は、いまのプロレスラーとしての鈴木さんを知っていても、まだそこをあまり理解していないかもしれない。でも、ひとりのプロレスラーが完成される過程で、どこの扉を開くかが凄く大事で、鈴木さんは新日本プロレスやUWFといった日本の道場システムの中からこそ生まれたレスラーだと思っている。

——かつての新日本は、道場でトレーニングするだけでなく、ストロングスタイルという思想を植えつけられたことによって、UWFやパンクラスが誕生していったわけですもんね。

ジョシュ　ボクがMMAを始めたときは、まだアメリカには選手を育てるメソッドや環境が何もなかったので、自己流、マイウェイを貫くしかなかったんだ。でも本当はしっかりとした師匠がいればもっと一本筋が通った教育を受けることができたと思うから、当時のパンクラスも含めた日本の〝新弟子〟システムがうらやましかったよ。

鈴木　俺が新日本に入ったときは、とにかく「先輩の言うことに従え」という軍隊形式の教え方だったんだよ。だから俺もデビュー戦は、上に言われたとおりにいわゆる〝若手の試合〟をやって、自分としてはうまくできたと思ってた。ロックアップをして、ヘッドロックをして、タックルをしてってやってさ。でも試合後、藤原さんに「ちょっと来い！」って言われて「なんてつまらねえことやってるんだ。そんなことならいますぐ辞めろ！」って言われたんだよ。

ジョシュ　藤原さんは気に入らなかったんだ。

鈴木　「おまえはなんのために俺とトレーニングしてるんだ？　おまえはほかの誰にもできない関節技も投げもできるのに、なぜそれをひとつも使わないんだ？」って言われて。ほかの先輩からは「よくできた」って言われたんだけど、藤原さんだけに「つまらない」って言われたことで、デビュー2戦目以降、俺はロックアップをしたことないし、相手をロープにも飛ばさない、とにかく殴るっていうプロレスをやったんだよ。そうしたら猪木さんが「おもしろい！」って言ってくれたんだよね。

ジョシュ　それは猪木さんも藤原さんも〝プロ〟としての大事なことを教えてくれたんじゃないかな。ほかの人と違うことをやって、自分自身が何者であるかを見せるのは凄く緊張するし、最初は不安もある。でも自分がやっていることがほかの人と同じでは、誰も自分のことを必要としないんだよね。

鈴木　日本の文化では、特に新人時代は先輩から言われたとおり、ほかの人と同じようにやれと言われる。でも藤原さんと猪木さんだけは「そんなもん、ぶち壊せ」って言ってくれたんだよ。

ジョシュ　さすがだね（笑）。

鈴木　それで俺は「やっていいんだ」と思って、毎日自分が思うとおりにめちゃくちゃやった。俺にとっては猪木さんと

ELEBRATION OF DAMAGE

藤原さんの言葉がすべてだから。猪木さんは俺の子どもの頃のヒーローで、藤原さんはプロレスの世界に入ってからの先生だったからね。

「パンクラスに格闘技あがりの選手たちが入ってきてMMAと呼ばれるものになっていったんだけど、俺と船木の考えとはちょっとズレていた」（鈴木）

ジョシュ　そういう意味で言うと、猪木さん、藤原さんの影響を受けた人たちが集まった新生UWFは、個性がぶつかり合っていたよね。

鈴木　それが「正しい」と思ってる人間ばかりだからね（笑）。でも前田さんや髙田さんも上に立つと、下を従わせようとしたんだよ。だけど俺たちは「関係ないでしょ」ってケンカを売る毎日だったから（笑）。

ジョシュ　鈴木さんと船木（誠勝）さんがUWFでやった試合は、自分たちで決断してやったものなの？

——博多スターレーン（1990年4月15日）での試合ですね。

鈴木　あれは船木から言われたの。「プロレスを変えよう」「なんの約束事もなしに、レスリングだけでやろう」って。俺もそれがやりたかったからうれしくて「やりましょう！」って言ってね。俺は勝てると思っていったんだけど（ヒールホールドで）獲られちゃって。でも、あの日を境にして完全に〝パンクラス〟に向かって行ったよね。

ジョシュ　当時を知るマニアは、あの試合がターニングポイントだったんだなとわかっていました。船木さんと中野（龍雄）さんの試合もそうだよね？

鈴木　ノープロレス（笑）。

ジョシュ　あの当時、どれだけ先鋭的なことがおこなわれていたのか、MMAが当たり前に存在している現在の目で過去を見ただけでは理解できない。90年代初頭、まだ未来にMMAが出現することを知らない人たちが、UWFでの船木vs鈴木を観たとき、「なんだこれは!?」とショックを受けたと思う。いまだから言えるターニングポイントだよね。

鈴木　そうだね。

ジョシュ　当時のファンは新生UWFを「プロレスのやり方を取り込んだ、リアルな総合格闘技」みたいな感じで受け取っていたよね？

——そうですね。「従来のプロレスとは違う、真剣勝負のプロレス」みたいに報じられたり。

ジョシュ　でも実際はトップロープに昇ることや場外乱闘が禁じられたり、ポイント制を採用した以外はプロレスのルールだったでしょ？　でも鈴木さんたちはパンクラスで、本当に「プロレスのやり方を取り込んだ総合格闘技」をやったよね。

鈴木　総合格闘技というより、俺と船木の間では「プロレスをリアルにした形」を作りたかったんだよ。それがパンクラスに格闘技あがりの選手たちが入ってきて、ＭＭＡと呼ばれるものになっていくんだけど、それは俺たちの考えとはちょっとズレていた。

ジョシュ　わかります。特にオランダの選手なんかは鈴木さんたちが考えている方向性を理解していなかったよね。

鈴木　それはバス・ルッテンとか？

ジョシュ　いや、アンドレ・フォン・デ・ウットラーとか。

鈴木　ああ、ウットラーね。

――また初期パンクラスのマニアックな名前が出てきましたね（笑）。

ジョシュ　ルールでは認められていても、タックルからパウンド、パウンドという選手はやっぱり違ったよね。

鈴木　俺たちは勝つことも大事だけど、「観に来てくれたお客さんを満足させて帰したい」っていう気持ちが強かったから。

――それはプロレスでもっとも重要なことですもんね。

鈴木　パンクラスを旗揚げするとき、俺たちの考えやスタイルを（ケン・）シャムロックも理解してくれていたから大丈夫だと思ってたんだよ。ところが大きな出来事として、旗揚げしてすぐにシャムロックが第１回ＵＦＣでホイス・グレイシーに負けたことで、全部の流れがＵＦＣに傾いていっちゃったんだよね。もう格闘技界全体が「ＵＦＣ、バーリ・トゥード（ＭＭＡ）で勝たなければ認められない」みたいな空気になっていって、パンクラスもどんどんそっちにシフトしていった。でも俺だけはずっとそのままだったから置いていかれたんだよ（笑）。

ジョシュ　アッハハハハ！　鈴木さんはＵＷＦでもパンクラスでもずっと〝プロレスラー〟だよね。

鈴木　だからパンクラスが完全なＭＭＡになったとき、「俺の役目はもう終わった」と思ったんだよ。それでプロレスの世界に戻ってきたんだ。

ジョシュ　鈴木さんの場合、パンクラス時代に首のケガもあったよね？　アスリートは大きなケガをしたときに自分の流れが止まってしまい、もう1回車輪をまわすのに時間がかかってしまう。そこで進み続けるか、新たな道を模索するかを考えなきゃいけないんだけど、まさに鈴木さんはそのときだったんじゃないかな。

鈴木　１９９６、１９９７年くらいに首のケガをして「もうダメだ」と思って、そこから数年間は辞めることばかり考えていた。でもケガをした10年後に日本でプロレス大賞をもらえるところにいけて、そこからどんどん自分の道が開けていった。いやあ、人生変わるね（笑）。

「ケンはコンプリートレスラーだったけど、UFCで自分のスキルをどう使うかという賢さを失ってしまったように思う」（ジョシュ）

ジョシュ　鈴木さんは藤原組でも首を折ってなかった？　ケンのドラゴンスープレックスでやられたって、マット・ヒュームから聞いたよ。

鈴木　あのときは首を痛めただけで折れるまではいかなかったんだけど、鼻が折れたよ。

ジョシュ　鼻骨骨折がおまけでついてきたんだ（笑）。

鈴木　おかげでほら、鼻の骨がないんだよ（と言って鼻を指で潰す）。

ジョシュ　オー、ナイス。ボクも一緒だよ（笑）。

――藤原組時代って、ＵＷＦやパンクラスと比べてあまり語られることがないですけど、最近ツイッターで鈴木さんとシャムロックの試合が貼られていたので観たら、凄く激しい試合をしているんですよね。

鈴木　おもしろいでしょ？

――はい。あらためて「おもしろい！」って思いました。

ジョシュ　ケンはＵＷＦ、藤原組時代、プロレスラーとしても素晴らしかったよね。コンプリートレスラーであり、ファイターとしてもパンクラスに理解があったはず。ただ、ＵＦＣに行ったことで、自分のスキルをどう使うかという賢さを失ってしまったように思う。

鈴木　やっぱり違うルールで勝たなきゃいけないっていうのがあるからね。

ジョシュ　ホイスは自分の柔術をＵＦＣで最大限に活かして闘っていたけれど、ケンはスタンドのパンチとテイクダウンからのパウンドだけで、自分の持っているキャッチやシュートレスリングを使うことができなかったのがファンとして残念だったよ。

鈴木　そういえば、ケンとこないだニューヨークでひさしぶりに会ったよ。首と腰と膝を手術して、いまは何もトレーニングができないって。

ジョシュ　ＷＷＥが彼をボロボロにしてしまったんだよ（笑）。

――90年代末、世界中を飛びまわって毎日バンプを取っていたわけですもんね。

ジョシュ　それにもともとライオンズ・デンのトレーニングはとてもハードだからね。毎日が殺し合いみたいな（笑）。

鈴木　彼らにトレーニング方法を教えたのも俺なんだけど（笑）。

ジョシュ　ケンが以前、新生ＵＷＦ時代に船木さん、鈴木さんと練習したときの話をしてくれたんだけど、「当時を思い出すと、アイツらに毎日コテンパンにされてた」って言ってたからね。

鈴木　俺たちはケンと比べると身体が小さいじゃん。だから初めてスパーリングをやるとき、ケンは余裕をかまして「イッツ・オーケー。カモン！」って言ってきたから、俺と船木で代わるがわるでバキバキに極めてやった（笑）。それでケンは毎日「おかしい、おかしい……」って。

――こんなはずじゃないと（笑）。

鈴木　それもあって、UWFが解散して藤原組になってからアイツが真っ先にやったのは、俺たちと一緒に生活をすること。日本に住んで、毎日一緒にトレーニングをやったんだよ。それでやっぱり強くなったね。

――もともと力もセンスもあったところにスキルが加わったわけですもんね。

鈴木　ただ、当時はゴッチさんもずっと日本にいたんだけど、ケンが口ごたえするんだよ。ゴッチさんが言うことに対して「そうじゃなくて、こっちのほうがいい」って。するとゴッチさんが、「おまえは向こうに行け！」「出ていけ！」って言い出してね（笑）。

ジョシュ　ケンは熱くなりやすいし、カール・ゴッチも頑固だからね（笑）。

鈴木　だからゴッチさんもケンのことが嫌いだし、ケンもゴッチさんのことが嫌いだった（笑）。

ジョシュ　でも、いまケンはゴッチのことを凄くよく言ってるよ。「彼の存在はとても大きかった」って。

鈴木　ケンカしながらも毎日一緒に道場で練習していたからね。アイツは3カ月くらいいたんじゃないかな。

ジョシュ　マット・ヒュームも初期パンクラス時代、日本に住み込んで鈴木さんたちと練習していた当時のことをよく憶えていて、「みんながカール・ゴッチのようになることを目指していた」と言っていたね。

「ゴッチさんに『俺がおまえに教えているのはこのレスリングをずっと残してほしいからだ。誰かのお金を増やすためではない』って言われた」（鈴木）

鈴木　ゴッチさんとマットのおもしろい話があって、マットが日本に来てパンクラスの道場に寝泊まりしてトレーニングしているときに、毎日覚えたことをメモしていたんだよね。

ジョシュ　それは藤原さんがゴッチの家でトレーニングしていた頃と一緒だね。

鈴木　それを俺がゴッチさんに「マットは真面目で、いつも練習後にメモをとってるよ」って伝えたんだよ。そうしたらゴッチさんが「いますぐやめさせろ！」って（笑）。

ジョシュ　アッハハッハ！　なんで!?（笑）。

KAMINOGE vol.134

定期購読のご案内！

より早く、より便利に、そしてお得にみなさんのお手元に本書を届けるべく「定期購読」のお申し込みを受け付けております。

発売日より数日早く、税込送料無料でお安くお届けします。ぜひご利用ください。

●購読料は毎月 1,120 円（税込・送料無料）でお安くなっております。
●毎月５日前後予定の発売日よりも数日早くお届けします。
●お届けが途切れないよう自動継続システムになります。

お申し込み方法

※初回決済を 25 日までに、右の QR コードを読み込むか、「http://urx3.nu/WILK」にアクセスして決済してください。以後毎月自動決済を、初月に決済した日に繰り返し実行いたします。
【例】発売日が 3/5 の場合、決済締め切りは 2/25 になります。

※セキュリティ設定等によりメールが正しく届かないことがありますので、決済会社（@robotpayment.co.jp）からのメールが受信できるように設定をしてください。

※毎月 25 日に決済の確認が取れている方から順次発送させていただきます。（26 日～ 28 日出荷）

※カードのエラーなどにより、毎月 25 日までに決済確認の取れない月は発送されません。カード会社へご確認ください。

未配達、発送先変更などについて

※ホームページのお問い合わせより「タイトル」「お名前」「決済番号（決済時のメールに記載）」を明記の上、送信をお願いします。
返信はメールで差し上げておりますため、最新のメールアドレスをご登録いただきますようお願いします。

また、セキュリティ設定等によりメールが正しく届かないことがありますので、「@genbun-sha.co.jp」からのメールが受信できるように設定をしてください。

株式会社　玄文社
[本社]　〒 108-0074　東京都港区高輪 4-8-11-306
[事業所] 東京都新宿区水道町 2-15 新灯ビル 3F
TEL 03-5206-4010　FAX03-5206-4011
http://genbun-sha.co.jp　info@genbun-sha.co.jp

KAMINOGE

鈴木　「アイツはいつかそれをお金に換えるつもりだな。ダメだ、いますぐやめさせろ！」って（笑）。俺もゴッチさんから「俺がおまえに教えているのは、このレスリングをずっと残してほしいからだ。誰かのお金を増やすためではない。だからおまえも俺から教わったことをお金に換えるようなことはしないでくれ」って言われたんだよね。だから以前、ジョシュに「アメリカでセミナーをやってくれ」「いいお金になるよ」ってお願いされたとき、いろいろ考えた末に断ったんだよね。やっぱりゴッチさんから「お金に換えるな」と言われてたんで、「ジョシュや、ジョシュのジムの仲間が知りたいんだったら俺はいつでも教えに行くよ。だけどセミナーとしてそれをお金に換えることはしたくない。晩ごはんをおごってくれたらそれでいいから」って。

ジョシュ　鈴木さんが『ブラッドスポーツ』に出たときに、その話をしたのを憶えてるよ。ただボクは、鈴木さんの時間というものに敬意を払いたかったんだ。だから、ちゃんとビジネスとしてお願いしようと思ってね。でも、もし鈴木さん自身が時間を費やすことに問題がないのであれば、ぜひお願いしたい。ボクのジムの選手たちと一緒にトレーニングの時間を過ごしてくれることのほうが、お金をもらってセミナーを開くよりも自分にとってもうれしいことなので。

鈴木　じゃあ、それをしようよ。

ジョシュ　ボクの生徒であるロイス・アイザックス、クリス・ディッキンソン、ジェフ・コブに「おまえら、ニュージャパンで鈴木さんと一緒にトレーニングしてるのか？」って聞くと、みんな「いやあ……」って言うんだよ。何かされるとでも思っているのか（笑）。

鈴木　俺のことが怖いんだろうな（笑）。でも、こないだオーランドに行ったときにシェイナ・ベイズラー（ジョシュの弟子で元UFCファイター、現WWEスーパースター）とトレーニングしたよ。

ジョシュ　あっ、それは聞いたよ。彼女は凄くまっすぐな人なんだ。

鈴木　彼女は強い。「女子選手でこんなに力が強いヤツがいるのか!?」って思ったもん。バランスもいいし。

ジョシュ　彼女はビリー（ビル・ロビンソン）とも練習していたし、ボクともずっとやっていたからね。

鈴木　それと彼女はハートが素晴らしい。

ジョシュ　ボクにとっても素晴らしい生徒です。彼女は10年以上MMAで実績を積んでUFCにも上がったけれど、そこで満足はしていなかったんだ。だから「プロレスを昔から趣味で観ていたのならやってみれば？」って言ったんだよ。そうしたら彼女は最初「うーん……」って言っていたんだけど、「そうね。やってみようかな」って言ったから「だったらボクが教えてあげるよ」っていうところから始まってるんだよね。

鈴木 いま、凄くいいキャラクターになってるよね。

ジョシュ 彼女はなんでもできるから、「私、プロレスをやりたい」って言ってくるのをボクは待ってたんだ。

鈴木 たまにWWEを観るんだけど、正直、ロンダ・ラウジーよりもいいレスラーだと思うよ（笑）。

ジョシュ 彼女はプロレスへの理解度が深い。彼女にとってプロレスはルーツであり、プロレスと自分を同化して考えることができるんだ。そして技術を学ぶことに対しても貪欲だから、積極的に鈴木さんとも一緒にトレーニングしたんだと思う。

鈴木 彼女はいいヤツだよ。俺たちと同じ匂いがする（笑）。

ジョシュ ボクたちにとってプロレスは追求すべき道だし、そのためには過去を知る必要がある。だからボクは日本にいる生徒たちに対しては「藤原さんのところに行ってきな」とか、「宮戸（優光）さんのスネークピット・ジャパンで、ビル・ロビンソンが残した技術を学んでくるといいよ」と言ってるんだ。出稽古で自分にない知識を得ることは重要だし、あとアスリートはテクニックだけではないよね。だから「キミはボクの生徒としてプロレスという傘の下にいるんだから、自分が何をするべきか、プロレスに敬意を持つために人とのふれあいを通して知っていくべきだ」ってことをよく言ってるんだ。

鈴木 いま、ビル・ロビンソンの名前が出て思い出したけど、カール・ゴッチとビル・ロビンソン、両方とトレーニングしてみると教えることはまったく一緒なんだよね。ルーツが同じスネークピットだから当然なんだけど、なのに結果が全然違う。それはロビンソンは正しいキャッチを教えてくれるんだけど、ゴッチさんの場合は、相手を殺すキャッチのやり方を教えてくれるんだよ。

ジョシュ アッハッハッハ！

鈴木 「負けるくらいだったら殺せ！」みたいな。だから同じトレーニングをやってるのに全然違うんだよ。

「日本でよく『猪木イズムを継承してるのは誰か？』って質問されることがあるんだけど、いつも『それは鈴木だ』って答えてる」（ジョシュ）

ジョシュ ふたりはレスラーとしての特徴も違うよね。ビリーはフリースタイルレスラーで、ゴッチはグレコローマンがベースだから。

鈴木 俺はふたりに同じ質問をしたことがあるんだよ。「サイドポジションで相手を押さえ込んだあと、どんな技がいちばん有効ですか？」って。そうしたらロビンソンは「前腕で相手の顔を押さえて腕を取りなさい」って言っていたんだけど、

style
Piledriver

ゴッチさんは「顔面にエルボーを落とせ！」って言うんだよ。俺はサブミッションの質問をしたのに（笑）。
ジョシュ　アッハハハハ！
鈴木　でも、それにはちゃんと理由があったんだよ。「相手はサブミッションしか来ないと思ってるから隙ができる。だから殴れ」って。考え方が違うんだよね。
――すべて実戦を想定するのがゴッチ式ってことですね。
ジョシュ　ボクはビリーと長く過ごしてきたけど、ＭＭＡのトレーニングは〝ゴッチスタイル〟なんだよね。もちろん（フロリダ州）タンパでゴッチともトレーニングをさせてもらったし、電話でしゃべったりもしたから影響を受けている部分はあると思うんだけど、彼と実際に接してわかるカール・ゴッチの個性として、悪いことしか言わないんだよね（笑）。
鈴木　そう。ゴッチさんは本当に口が悪いからね（笑）。
ジョシュ　昔、ゴン格でゴッチと対談をやったことがあって、（アントニオ・ホドリゴ・）ノゲイラとの試合映像と観てもらったんだ。それで何を言われるのかなと思ったら、ゴッチが「なんでここで寝るんだ？」って言ったあと、「ああ、クソッ！　ああ、これもクソだ！」って言ってて（笑）。
鈴木　たしかにいつも「ブルシット！」「ファッキン！」とか、そんなことばっか言ってたもんな（笑）。
ジョシュ　そうそう。だからインタビュアーも困っちゃって（笑）。
――あのノゲイラと寝技で真っ向勝負して競り勝った試合だから、ゴン格の記者からしたら「どうですか？　素晴らしいでしょう？」と、ゴッチのお墨つきをもらおうとしたんでしょうね。ところが汚い言葉でダメ出しの連続という（笑）。
ジョシュ　で、ゴッチはボクに「なんだ、怒ってるのか？」って聞くんだけど、ボクは「いや、何もないです。ボクが何を思ったかじゃないですから。ボクはゴッチさんの言葉を聞きたいし、ゴッチさんから学びたいので」と答えたんだ。そうしたらゴッチは髭を触りながら笑顔で葉巻を吸ってね（笑）。
鈴木　ああ、それやるね。ゴッチさんって相手がどう思おうが自分が思っている本当のことしか言わない。だからアメリカに来てからいろんなトラブルもあったみたいだけど、どうやら俺の人生もそっちに行ってるかもしれないな（笑）。
ジョシュ　鈴木さんは、いろんな面でゴッチや猪木さんからの影響を感じるよ。だからボクは日本でよく「猪木イズムを継承してるのは誰か？」って質問されることがあるんだけど、いつも「それは鈴木だ」って答えてるんだ。
鈴木　でも猪木さんとはほんのちょっとの期間しか一緒にいなかったんだけどね。
ジョシュ　たしかに新日本にいた時代は短かったよね。でも自分自身の道を進んでいて、なおかつストロングスタイルを継承している人は誰かなと考えたとき、鈴木さんを含めて本当に数少ない人しか思い浮かばなかった。それぐらい貴重だと思う。

鈴木　「俺は猪木の弟子だ」って言って、猪木ブランドで商売するレスラーはいっぱいいるけどね。で、これはゴッチさんも藤原さんも同じことを言うんだけど、俺のことを「弟子」とは言わないんだよ。俺のことを「友達」としか言わない。その気持ちが凄くうれしくて、だから俺も技を教えた後輩はいっぱいいるんだけど、俺は友達としか思わないようにしてる。

ジョシュ　ボクもビル・ロビンソンとは友人としての時間もたくさん過ごしてきたのでそれはわかるよ。そしてゴッチとも短い時間ではあったけど友人として過ごした時間があったので、それを凄く大事にしているんだ。

鈴木　ゴッチさんが大事にしていたのは、じつは友達としての人間関係だったんだよね。パンクラスを立ち上げた頃、俺がひとりでアメリカに行ってゴッチさんの家を訪ねたことがあるんだよ。トーマス・プケットのクルマに乗っけてもらってさ。そうしたらゴッチさんがドアを開けて俺の顔を見て「おまえ、本当に日本からひとりで来たのか?」って言うから、「そうです。俺ひとりで来ました」って言ったら、「最近、俺の家に来る日本人はみんなカメラマンと一緒だ。本当は俺に会いたいんじゃなくて、俺と一緒に写真を撮って、それを雑誌に載せたくて来るヤツがほとんどだ。嫌になるよ」って言うんだよ。

ジョシュ　なるほどね。

鈴木　それで「じゃあ、おまえはウチに何をしに来たんだ?」って聞かれたから、「あなたのすべてを知りたいです。練習を教えてください」って言ったんだよ。そうしたら「ふ〜ん……。いまからワイフが病院に行くから今日はトレーニングができない。だから今日は帰れ」って言ってクルマで行っちゃったんだよ。それから俺はどうしたと思う?

ジョシュ　帰りをずっと待ってたの?

鈴木　ただ待つだけじゃなくて、庭の枯れ葉を全部集めて綺麗にして、そこにあった雑巾でトレーニング器具を綺麗にして待ってたんだよ。そうしたらゴッチさんが「これはおまえがやったのか?」って聞いてきたから「うん。全部ひとりでやった。教えてくれるか?」って言ったら、「じゃあ、教えてやる」って。そんなことがあったね。

ジョシュ　とてもいい話だね。

鈴木　ゴッチさんも「こんなことをするヤツはおまえが初めてだ」って言ってて。

ジョシュ　ボクとビリーのやりとりでもそういうことがあって、それ以来、師弟関係というより、友人同士、人間同士の付き合いが深まった感じがした。だからボクもシェイナ、ディッ

キンソン、ビクター・ヘンリーとは同じように接するようにしている。ヘンリーなんかはボクを自分の家に泊めてくれて、一緒に食事をして、洗濯もして、トレーニングもして、家族みたいな関係性を築くことで師弟関係よりももっと濃いものになってるんだ。

「マンチェスターに行ったとき、ゴッチさんと一緒にスネークピットで練習していた元レスラーだっていうおじいさんが俺に会いに来たんだ」（鈴木）

鈴木　ジョシュは相手の懐に飛び込んでいく付き合いをするよね。だから、さっき言ってた雑誌の表紙にゴッチさんとジョシュが一緒に載ってる写真を見たとき、凄くビックリしたんだよ。ゴッチさんはアメリカ人が嫌いだからさ。ゴッチさんがいつも言ってたのは「アメリカ人はみんな、でっかいウンコだ」って（笑）。

ジョシュ　アッハッハッハ！　でっかいウンコ！（笑）。

鈴木　それ聞いたとき、ゴッチさんは本当にアメリカ人が嫌いなんだなと思ったよ。

――アメリカに住んでるのに（笑）。

鈴木　ゴッチさんはアメリカ人レスラーに偏見を持っていたんだよ。それだけにジョシュを受け入れていたことに俺は凄くビックリした。それから俺がゴッチさんと手紙のやりとりをしている中で「ジョシュはいい」って書いてあったからね。

ジョシュ　ゴッチとはもっと一緒に過ごせたらよかったなって、いまでも思ってるよ。一緒に撮った写真を見てると、自分とは親戚みたいで似てるなと思うときがあって、とても不思議な感覚なんだけど。鼻の形とかね（笑）。ただ、これまでいろんな人たちのもとでトレーニングをしてきた自分としては、ゴッチのスタイルも含んでいるけれど、それだけじゃないと思っている。

鈴木　それは俺も一緒だよ。

ジョシュ　でも猪木さん、藤原さん、佐山さんら、歴代のゴッチの生徒たちがそうだったように、自分にもゴッチから教わった知識が入ったということは、ファミリーの一員だという思いもあるから、今度はそれを自分が次の世代に伝えていかなければならないという責任感も感じているんだ。

鈴木　それとはちょっと違うかもしれないけど、おもしろい話があるんだよ。数年前、プロレスの試合でイギリスのマンチェスターに行ったとき、杖をついたおじいさんが会場のバックステージにいた俺のところに来て、「おまえ、鈴木か?」って聞いてきたんだよ。

ジョシュ　それ、マーティン・ジョーンズじゃないの?

鈴木　いや、名前はわからない。で、俺は「イエス」って答えたら「私はカール・ゴッチと一緒にスネークピットで練習していた元レスラーだ。ここまで電車で2時間かかるけど、おまえに会いにきたんだ。〝カールの息子〟がここに来ていると聞いて、おまえに会いたかった」って言われて、すげえうれしくてね。あまりにうれしすぎて、名前を聞くのを忘れたんだけど（笑）。

ジョシュ　それは凄くいい話だね。いまプロレスが世界中でビジネス的にうまくいっているのはとてもうれしいことだけど、ストロングスタイルはとても稀少なものになってきている。ボクはいまの若いレスラーにもストロングスタイルを身につけてほしいと思っているんだけど、ロープワークや派手な動きに偏りがちで、プロレスの根源がどこにあるのかを理解できなくなってきていると思う。

鈴木　ちゃんと闘う練習をしないと、プロレスのリングで闘いを見せられなくなるんだよ。

ジョシュ　それは単なる格闘技の技術的なことじゃなくて、プロレスへの取り組み方、考え方、アティテュードの問題。猪木さんの「燃える闘魂」もそうだよね。リングで闘うことに常に燃えていたからボクらも惹きつけられた。だからボクは生徒たちに「テクニックは練習すれば誰でもできるんだよ」「いちばん重要なのはテクニックじゃないんだ」と教えているんだけどね。

鈴木　ジョシュと『ブラッドスポーツ』でシングルマッチを

やったのはいつだっけ？

ジョシュ　２０１９年の3月だから、もう4年前だね。

鈴木　あのとき俺は凄くビックリしたんだよ。20年前に新日本のリングでジョシュとやったときは「自分がやりたいことばかりやってる」っていう印象だったんだけど、4年前の試合では凄く通じ合うものを感じて、気持ちよくプロレスができたね。

ジョシュ　4年前の鈴木さんとの試合は「あれほど自然なプロレスはなかったな」って自分でも思ってるよ。お互いが目を合わせずとも同じマインドでいるっていう感覚で、ボクも凄くやりやすかった。

鈴木　そう。俺も同じことを感じて、そこにビックリしたんだよ。

「鈴木さんは世界中どこでも大人気だから、鈴木さんが活躍し続けることがストロングスタイルを伝えることにもなっている」（ジョシュ）

ジョシュ　20年前のタッグマッチのときは、まだ自分が青かったからね（笑）。

鈴木　ひとりよがりのグリーンボーイ（笑）。

ジョシュ　それと緊張もあったね。なぜなら、鈴木さんは憧れの存在だったたし、パートナーに髙山（善廣）さんもいたからね。もう、とにかく緊張しちゃって（笑）。

鈴木　ＵＦＣチャンピオンがそこまで緊張してたんだ（笑）。

ジョシュ　ボクはあのとき、黒いタオルを頭にかぶって入場したんだけど、あれは鈴木さんへのオマージュ。それぐらい好きだったんで、リング上でも「うわっ、どうしよう……」ってなっていたのが正直なところだね（笑）。

――いまやおふたりは、ストロングスタイルを後世に残していく同志っていう感じですか？

鈴木　俺はそんなことまったく思っていないけどね（笑）。誰かに伝えて残すとかじゃなく、もっと自分がやりたいんだよ。

ジョシュ　それはボクもそうだし、その結果、ストロングスタイルが残っていけたらいいと思う。鈴木さんの場合、いまは世界中どこでも大人気だから、鈴木さんが活躍し続けることが、ストロングスタイルを伝えることにもなっていると思う。

――ジョシュさんの場合、『ブラッドスポーツ』のプロデュース面でもストロングスタイルを実践し、残していこうとしているわけですよね？

ジョシュ　そうだね。ただ、『ブラッドスポーツ』は自分のアイデアを反映させたイベントだけど、ボクと同じ考えを持って一緒にやってくれるレスラーを見つけるのが大変だし、なかなかいないのが現状だね。

鈴木　ところで、次はいつやるの？

ジョシュ　3月30日にやる。
鈴木　俺、スケジュール空いてるかな？（笑）。
——レッスルマニアウィークだから、その頃、ちょうどアメリカにいそうですよね？（笑）。
ジョシュ　えっ、そうなの？
鈴木　まだ誰にも呼ばれてないんだけどねえ（笑）。
ジョシュ　誰かアキレス腱固めを極めたい人はいる？（笑）。
鈴木　ええっと、YOUと……（笑）。
ジョシュ　えっ!?　いや、ボクはいま足を大事にしてるから別のレスラーがいい（笑）。

鈴木　『ブラッドスポーツ』には、あとひとりオススメがいるよ。ジャパニーズボーイ。

ジョシュ　えっ、誰？　サトウヒカル？

鈴木　そう。佐藤。

ジョシュ　彼はいいね。ボクは佐藤さんが好きです。以前、鈴木さんと佐藤さんでキャッチレスリングをやったでしょ？　あの試合はよかったね。「うわー、さすがだな」って思いました。

鈴木　じゃあ、そろそろ3、4月のスケジュールを組まなきゃな（笑）。

ジョシュ　鈴木さんは忙しそうだよね。

鈴木　そうそう。前にレッスルマニアウィークでアメリカに行ったときは、3日間で8試合やったんだよ（笑）。

ジョシュ　あのときの盛り上がりは凄かったよね。3月30日の『ブラッドスポーツ』は、まだどんな試合を組むか計画中なんだけど、鈴木さんのためにいつでもスポットは空けておくよ。

鈴木　仕事の売り込み完了ってことだな（笑）。じゃあ、次は3月によろしく！

ジョシュ　ハイ、マッテマス（笑）。

——では、この続きはロサンゼルスでってことにしましょう！（笑）。

鈴木みのる（すずき・みのる）
1968年6月17日生まれ、神奈川県横浜市出身。プロレスラー。高校時代、レスリングで国体2位の実績を積み1987年3月に新日本プロレスに入門。1988年6月23日、飯塚孝之戦でデビュー。その後、船木誠勝とともにUWFに移籍し、UWF解散後はプロフェッショナルレスリング藤原組を経て1993年にパンクラスを旗揚げ。第2代キング・オブ・パンクラシストに君臨するなど活躍。2003年6月より古巣の新日本に参戦してプロレス復帰、以降ノア、全日本などあらゆる団体で暴れまわり、現在は新日本などの日本国内、そしてアメリカやヨーロッパなど海外でも活躍している。

ジョシュ・バーネット（JOSH BARNETT）
1977年11月10日生まれ、アメリカ・ワシントン州シアトル出身。MMAファイター。プロレスラー。
レスリングやアメリカンフットボール、柔道とキックボクシングのトレーニングを積み、高校2年のときに『UFC2』を観て総合格闘家になることを決意する。1997年に18歳でプロ総合格闘技デビュー。1999年9月『SuperBrawl13』のヘビー級トーナメント優勝、2000年2月『SuperBrawl16』ではUFCスーパーファイト王者のダン・スバーンに一本勝ちを収める。2000年11月よりUFCに参戦し、2002年3月22日『UFC36』でUFC世界ヘビー級王者ランディ・クートゥアをTKOで破り、史上最年少王者となる。その後、新日本プロレス、パンクラス、PRIDE、戦極、DREAMなどに参戦。

プロレスがわかれば世の中が、
そして世界が見えてくる。

斎藤文彦×プチ鹿島

活字と映像の隙間から考察する

プロレス社会学のススメ

司会・構成：堀江ガンツ　撮影：橋詰大地　写真：©プロレスリング・ノア

第35回

新しいプロレスのビジネスモデル

前号から続く「武藤敬司の引退試合の相手は誰だ」問題。
それは単に対戦相手を予想するだけではなく、現代プロレスの新しいビジネスモデルを考察することにつながっている。
スポーツ、エンターテインメントにおけるグローバル化。プロレスにおいてそれはコンテンツが英語圏、アメリカ向けになることを意味する。
すると、いったいどうなるのか？

「武藤の引退試合の相手はまだ決まっていないわけじゃなくて、あえて発表していないんだと思うんです」(斎藤・1月9日時点)

——今回は「プロレス社会学のススメ」新年1発目の収録ということで、今年もよろしくお願いします！

鹿島　よろしくお願いします！

斎藤　これを収録している今日は1月9日ですが、『KAMINOGE』の発売日的には2月第1週ですか？

——2月5日発売ですね。なので誌面的にはもう新年感はなくて、2・21東京ドームでおこなわれる武藤敬司引退試合直前ですよ。

鹿島　前回、武藤敬司引退試合の対戦相手予想大会をやりましたよね。もし予想が当たっていてサプライズ感が薄れてもいけないってことで、名前は伏せ字にしましたけど。ボクのまわりでも「あの伏せ字は誰なんだ？」って何人かに言われましたよ。

斎藤　言われました？

鹿島　プロレスファンはみんな気になってるんで。それで「〇〇だろ」って、ボクら

の伏せ字予想の名前を当てている人もいました。

――で、今回はその答え合わせができると思ったんですけど、年が明けてもまだ引退試合の相手が発表されていないという（笑）。

斎藤 これはもちろん、まだ決まっていないわけじゃなくて、あえて発表していないんだと思うんです。本来、東京ドームくらいの大会場なら、一刻も早くカードを発表してプロモーションをおこないたいところですよね。普通なら1・1日本武道館のすぐあとで発表するのがいちばん話題になるのにあえて発表していないのは、ドームの前に1・22横浜アリーナがあるからでしょう。

鹿島 2・21東京ドームの話題で、1・22横浜アリーナの話題が消されないために伏せていると。では、引退試合の相手は横アリで発表ですかね？

――ボクは横アリでも発表せず、月末、あらためて記者会見をやる可能性がある気がします。なぜなら1・22横アリはAEWの協力を得てスティングが出場するじゃないですか。武藤さんの引退試合の相手がボクらの予想通りだとしたら、さすがのスティングも霞んじゃうと思うんで。

斎藤 ボクも1・22横アリ以降の発表説に1票なんです。1月29日にWWEの『ロイヤルランブル』がある。このへんがポイントになるんじゃないかと思います。

鹿島 1月29日だと、もう2・21東京ドームまで3週間ちょっとしかないですけど、そこまで引っ張ると。

斎藤 それでも発表された途端、チケットがもの凄い勢いで動くでしょう。

鹿島 そしてAEWと一緒にはできなくて、WWEの『ロイヤルランブル』が関係しそうって、もう名前を言っているようなもんだと思いますけど（笑）。

――では、前号ではあえてオフレコにして掲載しませんでしたけど、前回収録した12月9日の時点でフミさんがどんな予想をしていたのか、あらためてここに掲載したいと思います。この本が出る2月5日には、さすがに発表されていると思うんで。

斎藤 フライングにはならないということですね。

――ただ、いまこれを収録している1月9日の時点でも、ボクらは武藤さんの引退試合の相手は本当に知らなくて、あくまで予想および願望ですから。読者はボクらの12月9日の予想を2月5日以降に読むので、外れているとかなり間抜けですけど（笑）。

鹿島 まあ「新春夢放談」ということで（笑）。

――というわけで、ここから前回12月9日に語っていた予想です！

「ボクらは身近すぎて忘れてしまいがちですけど、武藤さんはそれぐらい世界的に凄いレスラーだということ」
（鹿島・12月9日時点）

斎藤 以前、ガンツくんが雑談の中で「武藤の引退試合の相手はザ・ロックじゃないか？」と言ってましたけど、ボクも調べれば調べるほど、2・21東京ドームは武藤vs

ロックだと思うんですよ。

鹿島　それは夢がありすぎますねえ！

斎藤　まず根拠をいくつか挙げると、ロックはWWE所属選手じゃないので、ロック本人が「俺、やります」って言えばできるんですね。

鹿島　WWE所属の中邑真輔がノアの武道館でグレート・ムタとやったのが「奇跡」と言われましたけど、そもそもロック様はWWEの許可を得る必要もないと。

斎藤　そしてロック自身が、武藤敬司、グレート・ムタを凄くリスペクトしている。ロックのピープルズ・エルボーが、武藤のドライビング・エルボー（フラッシング・エルボー）のオマージュなのは有名な話ですよね。そして数年前、ロックが主演映画の舞台挨拶で来日したとき、ゲストとして登壇したのが武藤で、ふたりはその後、一緒に食事にも行っているんです。

鹿島　ハリウッドのトップスターであるドゥエイン・ジョンソンとサシで付き合える間柄だという。

――武藤さん自身、「俺はロックのお父さん、ロッキー・ジョンソンとも試合してるからな」とか言っていますよね。

斎藤　そしてロック自身は、2002年3月1日のWWE横浜アリーナ公演の主役として来日経験がありますけど、日本の団体でツアーをしたことがない人。本人は出てみたい気持ちはあったらしいですけど、デビューからWWEですぐにトップスターになってしまい、プロレスをフルタイムでやったのは、じつは7年しかないんです。

鹿島　人気絶頂ですぐハリウッドに行っちゃったわけですよね。

斎藤　その後、何年かにいっぺんずつジョン・シーナとやったりしていますけれど、もう8年もリングに上がっておらず、正式な引退はしていないもののセミリタイア状態。そのロックも1972年生まれだから、いま50歳。まだ身体を作ればプロレスもできるんだけど、50歳を機にプロレス活動にピリオドを打つだろうと言われているんです。

鹿島　ついに正式に引退すると。

斎藤　そしてロックのプロレスラーとしての最後の舞台として、まず1月29日の『ロイヤルランブル』に登場し、それが伏線となって4月1日・2日の『レッスルマニア』のメインで、ローマン・レインズvsザ・ロック、新旧スーパースターの頂上対決で最後を飾ると言われている。そしてロック自身は『ロイヤルランブル』と『レッスルマニア』の間にもう1試合、つまり東京ドームで武藤敬司とやろうとしているんじゃないかと思うんです。

鹿島　なるほど。時系列で追うと、スケジュール的にピースが埋まるわけですね。

斎藤　1月末の『ロイヤルランブル』、2・21東京ドーム、そして4月の『レッスルマニア』。

鹿島　いや〜、こういう状況証拠を積み重ねて予想するのがいちばんおもしろいですね（笑）。

斎藤　あとは、さっき「WWEの許可はいらない」と言いましたけど、そのかわりロックの場合はハリウッドスターなので、プロレスをするには俳優組合に事前申請して了承を得て保険をかけなきゃいけない。ケガをしちゃいけないから。

鹿島　新作映画の撮影に穴を空けるわけにいかないから、そこに対しては厳しそうですね。

斎藤　映画のアクションシーンの撮影だって、ロック本人がやっていないんです。ロックにそっくりな体型のスタントマンがいて、ふたりで同じ衣装を着て、アクションシーンを2回撮っているんです。それぐらいケガは御法度なんです。だからプロレスをやるなら半年くらい前から通達しておかなければならないんだけど、ロックは『ロイヤルランブル』『レッスルマニア』についてはすでに申請していると言われていて、そこに東京ドームも入れていると思う。

鹿島　せっかく『レッスルマニア』を申請したら、東京ドームも入れちゃえみたいな（笑）。

斎藤　だからボクは武藤引退試合の相手としてロック説に1票入れます。

鹿島　武藤さんは『光る女』の主演も張っていますから、ある意味ムービースター対決ですよ（笑）。

斎藤　日本で考えられている以上に、アメリカのプロレス業界関係者とレスラーたちから見た武藤敬司、グレート・ムタはもの凄くビッグな存在だという事実がある。

鹿島　そうなんでしょうね。

斎藤　ムタのラストだからこそWWEからシンスケ・ナカムラが来るし、ムタのラストだからこそAEWからスティングも来る。そしてロックも武藤敬司の引退試合だから来るんだと思います。

鹿島　ボクらは身近すぎて忘れてしまいがちですけど、武藤さんはそれぐらい世界的に凄いレスラーだということですね。

斎藤　現代の日本のプロレスラーで世界的にいちばんビッグな人ですよ。その武藤敬司が2月21日という平日に東京ドームで引退試合をおこない、リングサイド最前列のチケット代50万円のシートはすでに全席完売。それに見合う超ビッグな相手で、なおかつ正真正銘の初対決と考えると、ボクはロックしかいないと思う。

鹿島　いや〜、素晴らしいですね。ぜひ、この予想が当たることを願っています！

「ロックとホーガンがやった2002年『レッスルマニア18』は、まだスマホがない時代のPPVで88万世帯が購入契約した」（斎藤）

——ということで、12月9日の時点でボクらが予想していた武藤敬司引退試合の相手は、ザ・ロックでした！

鹿島　これを聞いたら、ザ・ロック以外に考えられなくなりましたよ。この号が出る頃には、予想が当たったかどうかおそらくわかっているんですけどね（笑）。あとはいつ発表になるのか。

斎藤　ボクは1・22横浜アリーナでも発表しないと思うんです。

鹿島　さっきの話であったとおり、横アリはスティングが出るからAEW物件なわけですしね。

斎藤　それもあるし、ボクは『ロイヤルランブル』にムタが登場して、そこでロックと絡むんじゃないかと見ている。

鹿島　え〜っ！　ムタがWWEにも登場しますか！

斎藤　だって今回は開かずのトビラが開くわけだから、そこでムタとロックが接触しないとアングルにならない。

――ムタのラストマッチにスティング参戦を発表するときは、ムタはアメリカまで行って、AEWのリングに登場していましたからね。

斎藤　そして『ロイヤルランブル』ゲスト出場からの流れで、今年のWWEホール・オブ・フェームでグレート・ムタが殿堂入りすると見ています。

鹿島　ムタがWWE殿堂入り！　そうなると引退試合は世界規模になりますね。

斎藤　実際、ノアも武藤さんも世界に向けた展開を考えていると思うんですね。2・21東京ドーム大会がABEMAでPPV生配信されることが発表されましたけど、おそらく英語圏での視聴契約とその数字を計算したPPVでしょう。

――ノアは普段からWRESTLE UNIVERSEで英語実況の配信もやっていますしね。

斎藤　今回の2・21東京ドームは、ノア史上最大の興行にしようとしている。そのためにはPPV生配信での収益拡大が不可欠で、ドームのPPV契約数を伸ばすために元日のムタvs中邑はあえてABEMAがタダにしたわけだから。それで平均5000円のPPVを10万件、20万件売ろうとしているわけですね。配信を全世界で20万人が買ったら、ドームの集客以外に国立競技場を2回フルハウスにしたのと同じですよね。だから武藤vsロックなんです。

――昨年の『THE MATCH 2022』那須川天心vs武尊は、PPVが50万件以上が売れたらしいですからね。そう考えると武藤引退試合で10万件は決して不可能な数字じゃない。

鹿島　ましてや最後の相手がザ・ロックだったらなおさらですよ。映画ファンまで買っちゃいますよ。

斎藤　武藤vsロックだったら、日本での10万件にプラスして、アメリカからさらに50万件のオーダーが来るかもしれない。実際、ロックとホーガンがやった『レッスルマニア18』（2002年）は、まだスマホがない時代のPPVで88万世帯が購入契約している。だから、いまなら全世界で50万件はまったく夢じゃない。

――武藤さんは「今後のプロレス界のためにも、レスラーが1桁多い額を稼げるシステムを自分が作って去りたい」と言っていますしね。

鹿島　2・21東京ドームが、武藤さんの引退試合というだけでなく、これからのプロレスの新しいビジネスモデルを作ろうという。

斎藤　この武藤引退の2・21東京ドームとまんざら無関係ではない話が、新日本の1・4東京ドームだったんです。今回、ケニー・

オメガvsウィル・オスプレイ、それから元WWEのサーシャ・バンクスあらためメルセデス・モネの登場によって、新日本プロレスワールドのユニークカスタマーが約10万件、新規視聴契約したと言われている。つまり月ごとの契約はしていないけれど1イベントごとに視聴契約する層があって、ここが今回いきなり10万件増えたっていうデータがある。すでに1・4東京ドームはアメリカ向け、英語圏向けのビジネスにもなっていたんです。

鹿島　ワールドワイドなんですね。本当の意味で「ワールドプロレスリング」ですよ！

――2・21東京ドームの海外配信の詳細は今日（1月9日）の時点でまだ発表されていませんけど、ムタのラストマッチがおこなわれる1・22横アリはFITE TVで海外配信することが決まっているんですよね。要はAEWを放送しているところでやるという。

鹿島　いろんなメディアが絡んできますね。

斎藤　だから、いよいよサブスクリプション時代です。PPVはこれまで日本ではあまり定着しませんでしたが、アメリカでは80年代からもう定着していたんです。ただ、数年前まではケーブルを引いてある家庭か、衛星放送のデコーダとアンテナがないとPPVを観ることができなかった。いまはそちらが「トラディショナルPPV」という呼び方をされていて、PPVそのものはアメリカではすでにネットのストリーミングに移行している。つまり、個人が日常的に持ち歩いているスマホやタブレットで買うものなんですね。そうなるといよいよ世界同時発信のマーケットになる。

鹿島　映画なんかもそうなってきていますもんね。

「世界各国のプロレスがアメリカWWEの文化的植民地という発想は、いまの社会を象徴していますよね」（鹿島）

斎藤　でもソフトがグローバル化していくと、日本のファンが求めるものとはコンテンツが少し乖離していくかもしれない。プロレスにおけるグローバル化というのは、いまのところどうしても英語圏向け、アメリカ向けになるわけだけど、アメリカの人たちって、全世界が何もかもアメリカと同じだと思っているフシがあったりする。

鹿島　アメリカ中心史観ですね。

斎藤　エンターテインメントでもスポーツでもなんでも「アメリカを中心に世界が動いている」みたいな感じで。たとえば1・4東京ドームに元WWEのメルセデス・モネ（サーシャ・バンクス）が登場することが、アメリカ国内的な感覚でもの凄いことみたいにとらえるわけです。

鹿島　それこそ中邑真輔が登場するレベルで。

斎藤　そうなんです。でもシンスケ・ナカムラなら日本での実績があって、知名度もあって、商品価値がもの凄く高いわけですが、メルセデス・モネだと「日本で何か実績があるんですか？」っていう話になりますよね。これは悪口じゃないけど、東京ドームの花道に登場したときも会場の雰囲気は「あれ、誰？」みたいな感じだったんですよね。

斎藤　いま、WWEは日本で地上波放送されているわけじゃないし、DAZNの生配信もなくなり、スカパーのJ－SPORTSでの放送も終了してしまった。コロナの影響もあってWWE日本公演ももう丸3年開催されていない。そもそも日本ではWWEと新日本、WWEとスターダムのファン層もそれほどオーバーラップしていないから、アメリカのファンと日本のファンを単純に同じ層としてとらえるのは無理ですよ。まあ、それでもアメリカのファンはアメリカの視点からしか理解できないから、「いや、あれは日本のファンがサーシャに対してもの凄くリスペクトがあるからシーンとなったんだ」っていう声がアメリカのSNSではあったりするんですね。

鹿島　神が降りてきた畏怖の念で静まり返ったと（笑）。

斎藤　でも、そうではないでしょう（笑）。

しかし、いまの時代のWWEスーパースターは、全世界がWWEのテリトリー、全世界がアメリカのマーケットの一部だと考えているところがあるわけです。不適切な表現ということになってしまうかもしれないけれど、日本を含めた世界各国のプロレスがそれこそWWEの文化的植民地みたいな発想というか。

鹿島　いまの社会を象徴していますよね。

斎藤　WWEスーパースターが日本に行ったらウケるのは当たり前じゃんという感覚なんです。

――ハリウッド映画と一緒ですね。

斎藤　新日本オーナーの木谷高明ブシロード社長はやはりグローバル的視点でビジネスを考えている人だからそういう感覚があるのでしょう。「ツイッター、インスタグラムのフォロワー数は400万人!」っていう、その数字に大きな価値を置いている。

鹿島　なるほど。日本でおこなっているけど、アメリカのマーケットを強く意識したものになっているわけですね。

斎藤　今回の1・4東京ドームは、海外市場向けにはケニー・オメガvsウィル・オスプレイのIWGP・US選手権、オカダ・カズチカvsジェイ・ホワイトのIWGP世界選手権、そしてIWGP女子王座の初防衛戦とメルセデス・モネの登場という大きな柱が3つありましたが、そこから見えてくるものがいっぱいあったんです。まず、IWGP女子王座はスターダムの選手たちがそこにはいるけれど、これはどうやら新日本のベルトだ、というのがひとつ。

――スターダムの本流からは離れたベルトなわけですね。

斎藤　今回は初代チャンピオンKAIRIが中野たむを相手に王座初防衛戦をおこないましたが、たっぷり時間をかけた両選手の入場シーンはともかく、試合時間は正味5分だった。ある意味、試合が終わった瞬間に入場ゲートに登場してくるメルセデス・モネのための一幕だったわけです。

鹿島　スターダムの素晴らしさを普段女子プロレスを観ていない新日本ファンに観せるという感じでもなかったわけですね。

斎藤　そうじゃなくても全9試合がぎゅうぎゅうにラインナップされた中で、IWGP女子選手権は第2試合という場所にレイアウトされていた。スターダムのリングでこの試合がおこなわれたら25分、30分の試合時間を要するであろうタイトルマッチでしょう。だけど、それが前座の第2試合で正味5分ちょっとのコーナーだった。ジェンダーフリー、男女平等という現代の社会の大きなテーマがそこにあったとしても、現実としては新日本のリングでは「あっ、ここに置くんだな」ということがわかってしまった。

鹿島　あの日の興行としてはここなんだなっていうのがわかるわけですよね。

斎藤　しかも、これから登場してくる元WWEスーパースターのイントロダクションのためのバックドロップ映像にしかなっていなかった。そしてモネが登場してきて、残念ながら、技を失敗しちゃうんだけど。

「インターネットの課金システムがプロレスのビジネスモデルを変えちゃう、という新しい景色が見えてくる」（斎藤）

――変形のスイングDDTがDDTになっていなかったですよね

斎藤　とにかく新日本の東京ドームで初めておこなわれたIWGP女子選手権試合ということより、メルセデス・モネのお披露目という意味合いのほうが強かった。でも、一方では英語圏、アメリカ市場でのサブスクライバーを増やすという目的はあれで十分に果たせているのかもしれない。だから、あのプログラム自体は、主にアメリカ市場に向けて作られていて、同じものを観ているはずなのに、日本のファンとアメリカのファンはまったく別のものを観ちゃっていることがハッキリしたわけです。プロレスの世界に初めて生じたパラレル・ワールドです。

――スターダムのファンは、KAIRIと中野たむの物語だと思って観たけれど、そこじゃなかったという。

斎藤　これと同じようなことはメインとセミにも言えて、1・4東京ドームのメインはオカダvsジェイ・ホワイトのIWGP世界ヘビー級タイトルマッチだったけれど、アメリカのファンは、オメガvsオスプレイがメインイベントだったかのような論調で語っているわけです。そしてオメガ自身も自分たちの試合が『レッスルキングダム』の数字（PPV契約数）を動かしたと思っているだろうし、事実、オカダvsジェイについてはアメリカではそれほど語られていない。

鹿島　どっちの試合内容がよかったとか以前の問題なわけですね。最初からオメガvsオスプレイ目当てという。

斎藤　ジェイ・ホワイトは昨年6月にIWGP世界王者になりましたが、これまで2回しか防衛戦をおこなっていない。

――しかも日本ではタマ・トンガ相手に1回だけで、もう1回はアメリカでの4WAYマッチで防衛戦ですもんね。

斎藤　心はもうアメリカに行っちゃってるんじゃないかと見られる状況証拠がいたるところにある。ジェイは現在フロリダに住んでいるので、今回タイトルを落としたことで、アメリカのネット上のマニア層は「彼はもう新日本（との関係）に一区切りつけたのだろう」という意見をさかんにSNSにアップしていて、そういう見解が一般的になりつつある。

——ちょっとプロ野球に似た感じになってますよね。NPBで5シーズン活躍したから、契約更改せずにMLBに行くだろう、みたいな。

斎藤　ボクはシーズン6のエピソード1でまた新しいストーリーのキーパーソンのひとりとして戻ってくるだろうと思っていますけど。また、ドームの翌日にオカダとケニー・オメガがバックステージで仲よく肩を組んで一緒に撮った写真がインスタグラムにアップされたことで、オメガと新日本が和解したこと、またAEWと新日本の関係は続くのだろう、というヒントをネット空間に発信した。ヒントといっても、オフィシャルなヒントとして、ですね。

鹿島　ここでもグローバル重視という。

斎藤　アメリカで新日本プロレスワールドのサブスクライバーを増やしていくためにはオメガだったり、AEWだったり、新日本ストロングだったり、その路線を強化していくことはきっと正しいのでしょう。『レッスルマニア』がいちばん人気があった時代は、PPV契約が毎年のように約100万世帯だった。そこまでいかなくても、新日本ワールドのサブスクライバーと、『レッスルキングダム』だけ視聴契約するユニークカスタマーを合わせて世界で50万世帯という数字は、不可能ではなくなってきている。だからインターネットの課金システムがプロレスのビジネスモデルを変えちゃう、という新しい景色が見えてくるわけです。

鹿島　ボクもそれはよくわかります。いままではトークイベントをロフトプラスワンのキャパ最大150人のところでやっていたのが、ここ1〜2年で有料生配信を始めたら配信チケットが2000枚売れたりするんで、「これ、どういう時代になったんだ?」って思いますよ。

——ケタが違いますもんね。ロフトプラスワンのギャラって出演者の頭割だから、これまで1、2万でも普通だったのに。

鹿島　コロナ前まではね。出てせいぜい1、2万で、3万もらったら「えっ、こんなにもらっていいんですか!?」だったのが、いまは桁が違う。金額だけだったら、テレビやラジオの出演料を超えていますから。

——だからプロレス、格闘技や音楽のライブなんかでも、これまでの放映権料ではなく、有料配信のほうが儲かるって感じになっていますもんね。

斎藤　スターダムもPPVをかなり頻繁にやっています。昨日（1月8日）の名古屋大会もPPVだった。

鹿島　武藤さんの引退試合で、その動きは加速しそうですね。

斎藤　間違いなくそうなるでしょう。ムタvs中邑真輔の1・1日本武道館や、ムタのラストマッチがおこなわれる1・22横浜アリーナも、本来ならPPVでやってもおかしくないのに、あえて無料にして2・21東京ドームまで引っ張ったわけだから。

——日本武道館も横浜アリーナも、いわば東京ドームへのつなぎなわけですもんね。

斎藤　そう考えると、やっぱり引退試合の相手はあの人ですよ!

鹿島　元日のムタvs中邑真輔が終わってから、「武藤の引退試合にこれ以上の相手で誰が出てくるんだろう？」っていうつぶやきも多くなってきましたよね。ボクらはもう12月頭からさんざん予想しているけど（笑）。

――いろんな名前が挙がっていますけど、今日1月9日時点でファンの間でいちばん有力視されているのは、内藤哲也なんですよ。

鹿島　えっ、マジですか？

――なぜかと言うと、1・4東京ドームで武藤敬司＆棚橋弘至＆海野翔太vs内藤哲也＆SANADA＆BUSHIというカードがおこなわれたんですけど、武藤と内藤の絡みがほとんどなかったんですよ。そして新日本の1・21横浜アリーナで新日本vsノアの対抗戦が発表されて、メインが内藤vs拳王じゃないですか。ここで内藤が勝って、武藤の引退試合の相手に名乗りを上げると予想しているファンが多いんです。

斎藤　それはもう半径5メートルくらいの世界しか見えてない人たちの発想ですよ。

鹿島　もっとワールドワイドな予想をしないと（笑）。

――内藤選手は、いまでも新日本の会場人気ナンバーワンですから、ここ10年くらいの新日本を中心としてファンからすると、武藤引退試合にふさわしいビッグカードに感じるんでしょう。ただ、世界マーケットや、武藤敬司の歴史を見てきた80年代、90年代からのファンへの訴求力を考えると、ちょっと疑問符がつきますよね。

鹿島　べつに内藤選手がどうということじゃなくて、長年、武藤を見てきた世代が、あわてて「じゃあ、行こう！」っていう感じにはならないですよね。

「これで普通に武藤vs内藤が発表されたら、ボクらは次号の冒頭で土下座して謝らないといけない」（鹿島）

――それと武藤敬司の頭の中にそれはないだろうなっていうのが想像できるじゃないですか。内藤哲也であろうが、オカダ・カズチカであろうが、飯伏幸太であろうが、「俺のほうがはるかに格上」って思っている気がする（笑）。

斎藤　武藤敬司の感覚からすると、みんな「ずいぶん下の世代の後輩」という感じでしょう。事実、いまボクらが現在進行形で観ている最大のスーパースターが武藤敬司なのです。

――ここ30年を考えると明らかにそうですよね。そして唯一、中邑真輔だけは、WWEのトップクラスで活躍するという自分のやっていないことを成し遂げているから、最大限の敬意を持って迎えたという。

鹿島　だから、その中邑真輔戦を元日にもうやっちゃってるというのが、引退試合へのひとつの大きなヒントですよね。

――あと、武藤さん自身からも最新のヒントが出てるんですよ。

斎藤　最新のヒント？

――はい。ノアのYouTubeチャンネルで武尊と対談をやっているんですけど、武尊が「やっぱり武藤さんの最後の相手が気になるんですよ」って言ったら、「コイツとやってみたいというのはひとりいて、もしかしたら実現できそう」って言っているんですね。

鹿島　おー！（笑）。

――「じゃあ、それはやったことがない選手ですか？」って武尊が聞いたら、「それはさすがに言えねえなあ」って答えたという。

鹿島　その口ぶりだと、内藤哲也や新日本のレスラーではない感じですね。

斎藤　「言えない」ってことは「イエス」なんですよね。それを言ったらバレちゃうから言えないんでしょ。

――「もしかしたら実現できそう」っていう言い方も気になりますよね。新日本の選手にはそんな言葉は使わなそうじゃないですか（笑）。

鹿島　横アリで新日本とノアの対抗戦をやっているんだから、普通に明日にでもできそうですもんね（笑）。

――ただ、武藤さんはここ2カ月くらい、しきりに「早く引退試合が終わってほしい」って言っているんですよ。普通、現役生活が残り少なくなったら名残惜しいもんじゃないですか。それよりも「引退試合が無事に終わってほしい」という思いが強いんだと思うんですよ。引退試合の相手が大物すぎて、内定はしているけど当日まで何が起こるかわからないから、早く無事実現して安心したいっていうことじゃないかな、と。

鹿島　それはありそうですね。

斎藤　もしロックがダメになったとしても、2・21東京ドームはやらなきゃいけないわけだから、バックアッププランはいくつかあると思うんです。

鹿島　ちゃんと〝保険〟を用意してるんじゃないかと。

斎藤　そう考えると、1・4東京ドームで武藤が内藤に触らなかったということで含みを残したのは、話がまとまらなかったときの代替プランかもしれない。

鹿島　なるほど。ドラフトのハズレ1位みたいな（笑）。そう考えると、まだまだ引退試合の相手が誰になるのかわからないんですね。

――前田日明引退試合もアレキサンダー・カレリンが大物すぎて、直前で中止になってブランコ・シカティックに変更になりそうだったことがありますからね。

斎藤　だからバックアッププランはいくつかあると思うんですね。内藤哲也がもしかしたらそうかもしれないし、ボクなんかはその場合の第1候補は髙田延彦、第2候補がジョン・シーナかなって思っています。

鹿島　髙田延彦っていうセンもいいですね〜！

――そういえば、ここにきて髙田延彦がインスタグラムにトレーニング風景の写真をあげているんですよ。柔術の練習風景は前からあげているんですけど、この前は「有酸素運動やってます」みたいなのをあげていて、「試合があるわけじゃないのにスタミナが必要なの？」って話じゃないですか（笑）。

鹿島　インスタ特有の〝匂わせ〟になって

いると。いいですねえ。

――だからこの号が発売される頃には、さすがに武藤敬司引退試合の対戦相手は発表されているでしょうけど、2月21日の東京ドーム当日まで、どうなるかわからないですよね。WWEにビンス復権の動きがあるから、いろいろ裏でひっくり返るかもしれないし。

鹿島　ここに来て、またサプライズで馳浩でもいいですけどね。そしてまた森喜朗に怒られるという（笑）。

――元日に続いて、今度はど平日に県知事が何をやってんだと（笑）。

斎藤　無事、ボクらが予想しているあの超大物で実現してほしいですね。

鹿島　そうなれば最高ですけど、こうやって、あーでもないこーでもないって予想している時点で楽しいです。

――この号が発売になる2月5日には、果たしてどうなっているか。ボクらもマジで現時点では引退試合の相手を知らなくて、あくまで状況証拠を積み重ねた予想なので、ドキドキですよ。

鹿島　これで普通に武藤vs内藤で発表されたら、ボクらは次号の冒頭で土下座して謝らないといけないですからね（笑）。

――では、いろんな意味で2月を楽しみにしましょう！

斎藤文彦
1962年1月1日生まれ、東京都杉並区出身。プロレスライター、コラムニスト、大学講師。アメリカミネソタ州オーガズバーグ大学教養学部卒、早稲田大学大学院スポーツ科学学術院スポーツ科学研究科修士課程修了、筑波大学大学院人間総合科学研究科体育科学専攻博士後期課程満期。プロレスラーの海外武者修行に憧れ17歳で渡米して1981年より取材活動をスタート。『週刊プロレス』では創刊時から執筆。近著に『プロレス入門』『プロレス入門II』（いずれもビジネス社）、『フミ・サイトーのアメリカン・プロレス講座』（電波社）、『昭和プロレス正史 上下巻』（イースト・プレス）などがある。

プチ鹿島
1970年5月23日生まれ、長野県千曲市出身。お笑い芸人、コラムニスト。大阪芸術大学卒業後、芸人活動を開始。時事ネタと見立てを得意とする芸風で、新聞、雑誌などを多数寄稿する。TBSラジオ『東京ポッド許可局』『荒川強啓 デイ・キャッチ！』出演、テレビ朝日系『サンデーステーション』にレギュラー出演中。著書に『うそ社説』『うそ社説2』（いずれもボイジャー）、『教養としてのプロレス』（双葉文庫）、『芸人式新聞の読み方』（幻冬舎）、『プロレスを見れば世の中がわかる』（宝島社）などがある。本誌でも人気コラム『俺の人生にも、一度くらい幸せなコラムがあってもいい。』を連載中。

THE LEGEND OF THE JAPANESE HEEL
THE CULT CLASSICS
UEDA
UMANOSUKE
HARDCORE CHOCOLATE

兵庫慎司のプロレスとまったく関係なくはない話

第92回 会場が寒い

冬場の電車の中は、なんであんなに暖房を効かせているんだろう？ 乗客は外を歩ける格好で乗って来るんだから、暑くてしょうがないじゃないか。

というようなツイートが、この冬、つまり昨年の11月後半あたりから12月にかけて、僕のTLにいくつも流れて来た。もっとも著名な人は伊集院光だったが、彼以前にも何人か、そういう声を目にした。

その意見に関して異論はないが、なんで今年なんだろう？ ということには、興味が湧いた。去年も一昨年もそれ以前もそうでしたよね、冬場の電車の空調って。なのに、去年も一昨年もそれ以前も、少なくとも僕のTL上では、そういう声は見かけなかった。なのに、なんで今年になって？

という疑問の答えは、今んとこ出ていないので棚に上げるが、その半月後。「あ、これも、その関連なんじゃないか？」と思うことがあった。

2023年の年明け、僕は1月2・3・4日と、3日続けて日本武道館に足を運んだ。2日は清水ミチコ、3日は氣志團、4日はSHISHAMOを観に行ったのだが、その武道館の客席に、2時間（清水ミチコ）もしくは3時間（氣志團とSHISHAMO）座っていて、そう気づいたのだった。

要は、寒かったのだ。SHISHAMOはそうでもなかったが、清水ミチコの日は、上着を着っぱなしの人が周囲に何人かいたし、僕もちょっと寒く感じた。氣志團の日はそれに輪をかけて寒くて、うっかり上着を脱いでしまったことを後悔したが、途中で着直すと周囲に迷惑なので、がまんした。

で、寒さに震えながら、「これ、冬場の電車の暖房入れすぎ状態にならないよう、お客が上着を着たままでいられるようにしているのかな。いや、でも屋内だし、お客は長時間ここにいるわけだし……」などと考えていて、「昔、同じような思いをしたことがある」ということを、思い出した。

駒沢オリンピック公園体育館で、全日本女子プロレスを観た時だ。全女がまだあった、ってことは相当昔ですよね、潰れたのは2005年なので。いろいろ検索をかけてみたら、2003年12月19日の『Strong Woman in KOMAZAWA』という大会が、その日だったようだ。どん

兵庫慎司

（ひょうご・しんじ）1968年生まれ、広島出身・東京在住、音楽などのライター。2023年1月〜2月の日比谷野音のスケジュールを見ると、音楽などのウェブサイトであるナタリーのイベント「ライブナタリー」が3本の興行を打つようです。日比谷野音、春から秋までは東京でもっとも取るのが難しい会場ですが、冬はさすがに取りやすかったのかな。でも、死ぬほど暑い真夏に、日本各地で野外フェスが行われているんだから、冬に野外でやったっていいような気もしてきました。

なカードが組まれていたか、とかは憶えていないが、客席が猛烈に寒かった、上着を着ても全然ダメだった、という記憶だけは強烈に残っている。なので、12月だったと考えると辻褄が合う。

あと、「なんでこんなに寒いんだ。暖房がないのか？ この会場は」とか思った数日後に、その理由らしきものがわかったこととまでセットで思い出したので、この大会で合っているようだ。というのはですね。

2003年の暮れは、毎年12月28日から31日まで、幕張メッセで開催されている、カウントダウン・ジャパンというロックフェスの第一回だったのだ。そのスタッフのひとりだった僕は、メッセのスタッフに、会場内の暖房の取扱について教わったのだった。日く、気温を何℃にするかは、運営側が決める。その実費は運営側が支払う。16℃ならいくら、17℃ならいくら、と、1℃刻みで暖房代が設定されている。

なるほどお。まあそうよね、これだけでかい会場だったら、そうなるわね。どうします？ 社長。払うよ。カネかかってもしょうがないだろ、寒かったらお客、来年来てくんなくなるから。現場で、「もっと上げてください」とか、マメに調整しよう。

と決まったところで、「あ、そうか、全女、暖房代をケチってたんだな」と、思い当たったのだった。さすが松永兄弟。

書いていて思い出した。この「会場の温度は興行主が決める」というのが理由で、困った事態になったのを経験したこともある。2000年代の後半ぐらいで、渋谷のO－WESTかどっかだったと思う。

フラワーカンパニーズのライブで、場内が恐ろしく暑かったことがあったのだ。1990年代の半ばまでのライブハウスは、満員になると暑くて死にそう、酸欠で倒れる人もめずらしくないほどだったが、その頃にはそんなこと、なくなっていた。

なのに、なんで？ 終わってから訊いてみたら、「責任者が空調の指示を出さなかったから」という答えだった。指示を出せるのは、その興行の責任者であって、イベンターやハコのスタッフが勝手に空調を変えることはできない。じゃあ責任を持っている人は誰かというと、事務所の社長だったりマネージャーだったり、舞台監督だったりライブ制作担当者だったりするわけだが、フラワーカンパニーズの場合、そのすべてをひとりで担っているのが、ステージの上のベース＆リーダー＝グレートマエカワだったから、指示が出せなかったのだ。そりゃ出せないわ。客席がそこまで暑くなっていることにも、気づいていなかったろうし。

そういえば、東京のロックの聖地、日比谷野外大音楽堂は、2023年に100周年を迎えた後、大規模な改修工事のため、数年間クローズすることが発表になっている。ということで、それまでは4月から10月まででしか会場貸し出しをしていなかったが、2022年と2023年は、特例的に、それ以外の時期も稼働している。

どうでしょう。寒いでしょう、どうやったって。2022年は3月20日に行く機会があったが、そこまで寒くなかった。せっかくなので、今年は1月か2月のうちに行って、どれくらい寒いのか体感しておきたいなあ……（日比谷野音のスケジュールを見る）……あ！ 1月15日、「プロレス初開催!! 大日本プロレス」。残念、その日はもう別のライブが入ってるわ。行きたかった。

HENTAIZADANKAI

玉袋筋太郎の変態座談会

TAMABUKURO SUJITARO

ハイブリッド喧嘩番長

TADAO MONMA

謙吾

超大型新人として破格のデビュー
総合格闘技の黎明期をくぐり抜け
リングスとの仁義なき戦いも目撃
現在は前田日明のマネージャー!!

収録日:2023年1月9日　撮影:タイコウクニヨシ　試合写真:山内猛　構成:堀江ガンツ

[**変態座談会出席者プロフィール**]
玉袋筋太郎（1967年・東京都出身の55歳／お笑い芸人／全日本スナック連盟会長）
椎名基樹（1968年・静岡県出身の54歳／構成作家／本誌でコラム連載中）
堀江ガンツ（1973年・栃木県出身の49歳／プロレス・格闘技ライター／変態座談会主宰者）
[**スペシャルゲスト**] **謙吾**（**けんご**）
1976年1月31日生まれ、埼玉県越谷市出身。本名・渡部謙吾。元総合格闘家。ラグビー指導者。前田日明のマネージャー。
高校から始めたラグビーで高校日本代表に選出され、大東文化大学ラグビー部のキャプテンを務める。1998年、大学卒業と同時にパンクラスに入団。大型ヘビー級日本人ファイターとして同年9月14日、日本武道館でバス・ルッテン戦でプロデビュー。以降パンクラス、DEEP、新日本プロレス（ULTIMATE CRASHルール）、KING OF THE CAGE、K-1などで活躍して2008年6月に現役を引退。引退後はキャラクター版権などを管理する会社に勤務し、現在は前田日明のマネージャーも務めている。

Antonio Inoki x Back Channel

「船木さんの指導は冷静に考えると、もうちょっとうまいやり方があったんじゃないかなと思わなくもない（笑）」（謙吾）

玉袋 謙吾さん、じつにおひさしぶりで。もう20何年ぶりですかね？

謙吾 たぶん、そのくらいになるんじゃないですか？

玉袋 たしか『コロシアム2000』（2000年5月26日、東京ドーム）以来だもんな。

ガンツ そういえば『コロシアム2000』に向けたテレ東の格闘技番組『格闘コロシアム』で、浅草キッドと謙吾さんは共演されていましたよね。

謙吾 だからあれ以来じゃないですか。

椎名 観てましたよ。格闘技の情報番組って画期的でしたから。

玉袋 あんときは謙吾選手と魔裟斗選手、佐藤ルミナ選手が番組のイメージファイターとしてレギュラー出演していてね。

謙吾 凄い時代ですね（笑）。

玉袋 イメージファイターに選ばれたのは、これからの格闘技界の主役になることを期待されていたと思うんだけど、謙吾さん自身にはその自覚はあったのかなって（笑）。

謙吾 いやあ、まったくないですね（笑）。

ガンツ まったくない！（笑）。

玉袋 俺が最後に謙吾さんに会ったのは、後楽園ホールかどっかに試合を観に行ったら謙吾さんもプライベートで観に来ていて、そのときにチュッパチャップスをなめながら会場に入ってきたんだよ。「あっ、この人、チュッパチャップスをなめてるのか。やっぱ飛んでるよな」って思ったよ。「やっぱり何かが違う、大物だ」と思ったよね（笑）。

椎名 でも新世代感はありましたよ。あきらかにこれまでのU系とは違う人種が入ってきたっていう感じがあって。

謙吾 そう言われてみればそうですね。デタラメな感じが（笑）。

玉袋 いやいや、それが素晴らしかったんだよ（笑）。

ガンツ だからテレ東も、いままでの格闘家っぽくない格闘家をあえて取り上げていたんだと思うんですよ。

椎名 みんな短髪の金髪でね。

謙吾 いま考えると畏れ多いっスね。佐藤ルミナと魔裟斗と一緒なんて（笑）。

ガンツ でも当時だと、あの中で謙吾さんがいちばん有名だったかもしれないですよ。

謙吾 いやいや。

ガンツ だって魔裟斗さんは全日本キックを抜けたばかりのブレイク前で、ルミナさんはすでに修斗の顔でしたけど、謙吾さんは格闘技雑誌だけじゃなくプロレス雑誌にも毎週ガンガン載っていましたからね。なんと言ってもデビュー前から船木（誠勝）さんと一緒に週プロの表紙を飾っているし。

謙吾　そう考えるとめちゃくちゃ凄いっスね（笑）。

玉袋　あのときの船木さんが「謙吾はあと3年経ったら手がつけれないものになる」って言ってたんだよな。

謙吾　そうはならなかったっスね（笑）。

玉袋　船木さんの指導はどうだったんですか？

謙吾　まあ、いいも悪いもあったんじゃないですかね。冷静に考えると、もうちょっとうまいやり方があったんじゃないかなと思わなくはないですけど（笑）。普通の練習とはまたちょっと違うようなのもあったし。

玉袋　映画も撮られたの？

謙吾　あー、それもありましたね。

椎名　鬼才・船木監督の自主制作映画（笑）。

謙吾　なんかあの頃流行ってましたね。ボクも1本出たことがありますから。

玉袋　どういう映画なんだろ。気になってしょうがねえよ（笑）。

謙吾　なんか地球の終わりみたいな。

ガンツ　あっ、そうでしたね！

謙吾　観たことあります？

ガンツ　昔、なぜか紙プロで上映会をやったことがあるんですよ。地球が滅亡するから銀行強盗をする、みたいな話でした。

玉袋　凄いね。船木さんは自分の内面を映像化していたんだろうな。

謙吾　ですかね（笑）。

ガンツ　引退が近くなるにつれて、なんだか破滅に向かっていくような感じがありましたもんね。

謙吾　まっすぐな人なんで。

「ラグビーで靭帯を2回切って、最初から〝事故車〟だったわけだ。俺はピッカピカのマッスルカーだと思ってた（笑）」（玉袋）

玉袋　まあ、そのへんはおいおい聞いていくとして、謙吾さんがパンクラスに入る原点っていうのは、もともとプロレスファンだったんですか？

謙吾　そうですね。小学校低学年の頃にアントニオ猪木 vs ハルク・ホーガンを観て。

玉袋　ＩＷＧＰの一発目だ。お兄さんがいたりしたんですか？

謙吾　3つ上兄貴がいて、ふたりでプロレスにハマってたんだけど、兄貴は途中から離れた感じですね。

玉袋　ラグビーはいつから始めたんですか？
謙吾　ラグビーは高校からですね。
玉袋　その前のスポーツは、野球とか？
謙吾　少年野球もやってたんですけど、水泳を幼稚園ぐらいからやってて。兄貴は水泳で大学に推薦で行って、日本選手権に出たりとかしていたんですよ。
玉袋　へえー。謙吾さんも水泳続けてたら凄いことになってたんじゃないの？
謙吾　中学までやって、いちおう県で3位まで行ったんですけど、なんかあまりおもしろくなくて（笑）。
玉袋　じゃあ、けっこうしっかりとしたスイミングスクールに通ってたの？
謙吾　選手コースだったんで、一般の子どものコースが17時、18時に終わってから始まるんですよ。普通にコーチが竹刀とか持ってたんで、ゴーグルに涙をためながら泳いでましたね（笑）。
ガンツ　一般の児童や親御さんには見せられないようなスパルタだったんですね（笑）。
玉袋　身体は子どもの頃から大きかったんですか？
謙吾　小学校のときはうしろから2、3番目とかで、小学校卒業するときに160くらいだったのが、中学を卒業するときに185までいったんで。
玉袋　すげー！　学ランの袖がツンツルテンになっちゃうよ。俺も中3でグーッと伸びちゃってさ、卒業間際に新しい学ランを買ったんだよ。おふくろ泣いてたもんな（笑）
ガンツ　ラグビーを始めたきっかけはなんだったんですか？
謙吾　再放送で観た『スクールウォーズ』が好きで、それきっかけっスね。プロレスも好きだったから、高校に行ったらレスリングかラグビーをやろうと思ったんですよ。もう水泳はやる気なかったんで。それで埼玉の草加高校がちょうどラグビー県大会で決勝まで行ったりして、まあまあ強いと。それで県立でお金もかからないし、ここにしようって。
玉袋　当時の埼玉栄はどうだったの？
謙吾　ラグビーはそんなに。レスリングは強かったんじゃないですかね。で、レスリングだったら三沢（光晴）さんとかが行ってた足利工大付属を中学時代に勧められたんですけど、私立だし、ちょっと遠いんで。それでカネがかからない草加高校だったらチャリンコで通えるし、定員割れしてたんで、バカでも全員入れるってことで、ここでラグビーやるのがいいんじゃないかっていう。
玉袋　レベルの高い高校だったら練習も大変だったんじゃないですか？
謙吾　でも決勝に行ったのは1回で基本、県でベスト8に行くか行かないかぐらいの感じなんで。まあ、けっこうしんどかったですけど、本当にきついのは大学からでしたね。
玉袋　大学は大東文化大のキャプテン？
謙吾　そうですね。
椎名　なんか謙吾さんは遊びと両立してそうな感じがするよね（笑）。
謙吾　それで格闘技がダメになったんで（笑）。
椎名　格闘技は試合が月1とか2カ月に1回だから、時間がありますもんね（笑）。
玉袋　ラグビーは競技自体がハードだもん。ぶつかり合いでしょ。
謙吾　毎日交通事故に遭ってるようなもんでしたから。自分は大学1年で靭帯を切ったりしてるんで。できれば切る前の自分に戻りたいですね。
ガンツ　五体満足のいい状態に戻りたいと。
謙吾　大学のときに右足の靭帯を2回切ってるんですよ。それで手術しないままパンクラスに行ってるんで、デタラメって言っちゃえばデタラメなんですよね。
玉袋　最初から〝事故車〟だったわけだ。俺はピッカピカのマッスルカーだと思っていたんだけど（笑）。
謙吾　知る人ぞ知る事故車でしたね（笑）。

「ラグビーをやっている人から見ると、サッカーって『ちょっとぶつかっただけですぐに痛がりやがって』って思ったりしませんか？」（椎名）

ガンツ　ラグビー時代、鈴木健三（KENSO）さんとはかぶってないいんですか？
謙吾　健三は学年だと高校のときは1コ上なんですよ。それでアイツは最初に帝京大学に入ってから途中で辞めて、どっかに留学したのかわからないですけど、それから明治に行ってるんですよ。
ガンツ　あっ、そうだったんですか？
謙吾　だから自分が大東文化大学に入るときに健三は明治に入ってるんで、大学の学年は一緒なんですよ。年齢で言うと1コ上ですね。
玉袋　そうだったんだ。
謙吾　健三は高校のときに高校日本代表で、その1コ下の高校日本代表に自分がいて。
玉袋　すげえな。ふたりとも日本代表だもん。
ガンツ　いま、ラグビーの日本代表はワールドカップとかでも凄いじゃないですか。時代が違ったら、ああいうところにいたかもしれないいんですね。
謙吾　ちゃんとやっていれば。どこで道を踏み間違えたか（笑）。

玉袋　いやいやいや（笑）。

謙吾　でも自分らの頃は南アフリカに勝つなんて考えられなかったけど、いまは凄いっスよね。もう普通に闘えますもんね。

椎名　ラグビーをやっている人から見ると、サッカーって「ちょっとぶつかっただけですぐに痛がりやがって」って思ったりしませんか？（笑）。

謙吾　まあ、なんかあるんじゃないですかね（笑）。ラグビープライドじゃないですけど、たとえば「アメフトは防具を着けてるけど、俺らは何も着けてない」とか、そういうのがあるんですよ。

椎名　サッカーなんてちょっと触るだけでゴロンゴロンって（笑）。

玉袋　あのリアクションは嫌だよな〜（笑）。

椎名　あれをラグビーでやったらカッコ悪いもんね。

謙吾　そのへんのプライドみたいなものは、ラグビーをやってる人にはあるんじゃないですか。自分はアメフトとかプロテクターを着けて突っ込んで来られるほうが怖いですけどね（笑）。

玉袋　ヘルメットを着けてガツンガツンってね。

謙吾　一発一発でプレーが切れるじゃないですか。そこにすべての気持ちを入れて、相手を壊すことを前提に軽トラで突っ込むみたいな感じなんで。あれで悪質タックルなんてしてこられたら、本当に大変っスよ（笑）。

玉袋　懐かしいな、悪質タックル。あそこから日大がほころび出したんだから（笑）。

玉袋　大学の同期の人たちは卒業後、どういう道に進んだんですか？

謙吾　だいたいみんな企業に行きますよね。あとはいまで言うトップリーグに入るのがいたんですけど、自分のときはまだプロがなかったんで、実業団に入って仕事をしながらラグビーをやるみたいな。

玉袋　釜石とか。

謙吾　釜石に行ったヤツもいるし、三洋電機（現パナソニック）、NEC、東芝とか一流企業に。あとはそういうトップのところに行けなくても、ラグビーのツテから就職できるんで。

椎名　やっぱり就職には相当有利ですか？

謙吾　そうですね。

玉袋　柔道もそうだもんな。

ガンツ　謙吾さんのところにも、いろんな企業から話があったんじゃないですか？

謙吾　そうですね。ボクも何社か来ましたね。

玉袋　「これぐらいでどうだ？」って契約金を積まれたりとか？

謙吾　大学の先輩から「ウチの会社が来てほしいって言って

るんだけど、1回メシを食いに行こう」って言われて、監督やスタッフと一緒にメシを食って「お車代だ」って渡されたら束で入ってた、みたいな。

椎名　マジっスか!?

玉袋　やっぱそうなんだ。で、〝コレ〟は？

謙吾　それもありましたね（笑）。

玉袋　そりゃそうだよ。コレがいちばんだよ（笑）。

謙吾　○○○から……あっ、企業名は言っちゃまずいっスね（笑）。

玉袋　まあ、某一流企業ってことで（笑）。

謙吾　○○○は毎回ソープに連れて行ってくれましたね。

椎名　そっちの〝ハイブリッド〟に獲られる可能性があったわけだ（笑）。

ガンツ　ハイブリッドレスリングじゃなくて、ハイブリッドカー（笑）。

玉袋　あそこは凄いぞ。香川照之だっていなくなったんだから（笑）。

「Uインターやリングスも観ていたんですけど、パンクラスが出てきたときの衝撃で『あれ？』みたいな」（謙吾）

謙吾　でもプロ野球選手なんかと比べたらかわいいもんじゃないですか。プロとなればまたちょっと違うと思うんで。

玉袋　そりゃ、だって桑田真澄とか高校時代からソープランドに行ってるわけだろ。

謙吾　ヤバいっスね（笑）。

玉袋　しかもあれは企業じゃないじゃん。中牧昭二のところのワールドペガサスは道具の会社だもんな。そこにソープランドをおごってもらっちゃってるんだもん。

ガンツ　で、謙吾さんはそんな接待攻勢がまったくなさそうなパンクラスに行くわけですよね。それはどういう理由からだったんですか？

謙吾　髙橋（義生）さんがきっかけっスね。自分が大学2年くらいのとき、コンパだったり飲み会に使っていた居酒屋が池袋のロサ会館にあって。

玉袋　出た、ロサ会館！　池袋の九龍城（笑）。

謙吾　そこに髙橋さんも大学時代からよく来ていたらしいんですよ。そこの店の常務さんが髙橋さんと仲がよくて、ウチのラグビー部の連中とも仲がよくて。それで俺はそういうのが好きだったから話をしたら、「じゃあ、今度カズオを紹介してやるよ」って（笑）。

玉袋　カズオ呼ばわりだ（笑）。

ガンツ　本名・髙橋和生ですもんね（笑）。

謙吾　「えっ、マジっスか!?」みたいな。それで自分が大学

2年ぐらいのときに初めて会って話したんですよ。

玉袋 髙橋さんの第一印象はどうでした？

謙吾 人喰いなイメージですね（笑）。

ガンツ そのまんま（笑）。

玉袋 髙橋さんはこの座談会にも出てもらったけど、ベロベロになっちゃって大変だったもん（笑）。でもウマは合ったんじゃないですか？

謙吾 そうですね。特に連絡先を交換して会ったりしていたわけじゃないんですけど、その店で偶然会うことがちょいあって。そうなると「おっ、一緒に飲もう！」って感じで話をするようになって、ちょうど髙橋さんがUFCに出る前とかだったんですよ。あの人は話をしてるとどんどん気持ちが入ってくるじゃないですか。それで話を聞きながら「もう、この人の生き様カッコいいな。ヤバいな」ってなりましたね。

ガンツ 遺書をしたためて命懸けで初期UFCに出て行ったわけですもんね。

玉袋 ヴァリッジ・イズマイウに勝ったときか。

ガンツ あれが日本人のUFC初勝利で、当時は黒帯柔術家が負けるってこともなかなかない時代だから凄い快挙ですよ。

椎名 当時、前田（日明）さんも「髙橋にキスしたい」って言ってたもんね（笑）。

玉袋 あとでお互いに「殺す」って言い合うんだけどな（笑）。

謙吾 それで髙橋さんがUFCで勝って帰ってきて、その体験談を直接聞くわけじゃないですか。それはもう、こっちもスイッチ入っちゃいますよね（笑）。

ガンツ 俺もやるしかないと。

謙吾 「俺はこっちだな」「拳で語るしかないな」みたいな（笑）。

椎名 すっかり髙橋さんに洗脳されちゃったんですね（笑）。

謙吾 それで大学3年の終わり、髙橋さんから「チケットやるから観に来いよ」って言われて、東京ベイNKホールにパンクラスを観に行って。メインが終わったら控室にも呼んでもらって、入ったらいきなり目の前に船木さんが現れて「おーっ、船木誠勝だ！」と思っていたら、船木さんが「おう、一緒にやろうよ」って。

玉袋 へえー！

謙吾 そうしたら「あっ、はい！」しか言えないっスよね。

玉袋 トップスターに「一緒にやろう」って言われたら、やっぱそうなるよな。パンクラス以外の団体は追っかけてなかったんですか？

謙吾 Uインターやリングスも観ていたんですけど、パンクラスが出てきたときの衝撃で「あれ？」みたいな。

ガンツ それで髙橋さんと出会ってからは、いろいろ聞くわけですもんね（笑）。

謙吾　まあ、髙橋さんもまだ20代半ばくらいでイケイケだったんで、「俺たちはガチでやってんだ」みたいな（笑）。

玉袋　そりゃあ言うよな～。

謙吾　そんなのもあって、NKで船木さんに会ったら完全にスイッチ入っちゃいましたね。そこから大学4年の始まりくらいに監督から「おまえ、どうするんだ？」って聞かれて、「パンクラスっていう格闘技があって、それをやろうと思ってるんです」って伝えたら「おまえ、それ本気で言ってるのか？」って言われて。

「まず胃袋をつかむっていうのは昔から変わってねえんだな。新日本が前田日明にステーキを食わせたのが〝元祖いきなりステーキ〟ステーキだから（笑）」（玉袋）

椎名　監督からしたら「なんじゃそりゃ!?」ですよね（笑）。

ガンツ　総合格闘家なんて職業があるとは思われていない時代ですもんね。

謙吾　それで監督から「いまいろんな企業から話が来てるから、ひと通り話を聞いてから最後に決断しろ」って言われて、「はい、わかりました」と答えて。でも本人はパンクラスに行く気満々なので、とりあえずひと通り話だけ聞いて（笑）。

玉袋　ひと通り接待を受けて（笑）。

謙吾　そのときに初めてフカヒレを食べさせてもらったりとか（笑）。

玉袋　まず胃袋をつかむっていうのは昔から変わってねえんだな。新日本プロレスが、いきなり前田日明にステーキを食わせたっていう。これが〝元祖いきなりステーキ〟だから（笑）。

謙吾　「こんなもの食わせてもらえるのか！」って思いましたけどね。

ガンツ　それがパンクラスに行くと、脂身のない鶏鍋とゆで玉子の白身ですからね（笑）。

謙吾　それでシーズンが終わって、監督に「やっぱりそっちに行きます」って言ったら、「まあ、しょうがねえな。おまえが決めたんだから」って。

椎名　えっ、納得してもらえたんですか？

謙吾　そういう監督だったんですよ。「やるだけやってダメだったら、そのとき考えろ」みたいな。自分の恩師なんですけど。

玉袋　いまでもお付き合いがある？

謙吾　そうっスね。たまに。

玉袋　ああ、それはよかったね。

謙吾　普通なら絶対に反対されるところなんですけど、「やるだけやってみろ」って感じだったんで、「じゃあ、行く

か！」って。
玉袋　家族からの反対は？
謙吾　母親は反対してましたね。
玉袋　兄貴は？
謙吾　兄貴は無関心みたいな。でも嫌だったんじゃないですかね。兄貴はしばらく俺の存在を隠していた感じでしたからね。
玉袋　そうだったんだ。
ガンツ　パンクラスとしては初めての大物新人の入団ですけど、支度金みたいなのはなかったんですか？
謙吾　全然なかったですね（笑）。
玉袋　えーっ、ないんだ！
謙吾　むしろこっちが押しかけ的な感じもあるじゃないですか。スカウトされたっていう気はまったくなかったんで。
玉袋　じゃあ、普通の新弟子と同じスタートだったんだ。
謙吾　雑用やちゃんこ番もやってましたよ。自分が好きで入った道だったんで苦ではなかったですね。ただ、うまいちゃんこができたかと言えば全然でしたけど。ボクにちゃんこを教えてくれたのがミノワマンなんで（笑）。
椎名　奇想天外な料理を作りそうですね（笑）。
謙吾　火をめっちゃ強くして、いかに早くちゃんこを完成させるかとか、そんなやり方だったんで（笑）。
ガンツ　入ったときは、もう東京と横浜に道場が分かれていたんですよね？
謙吾　そうですね。鈴木（みのる）さん中心の横浜と船木さん中心の広尾に分かれて1年経ってないくらいで自分が入ってるんで。それで髙橋さんが東京だったんで、自分は必然的に東京って感じですね。
ガンツ　子分として（笑）。
謙吾　自分は船木会系髙橋組って感じだったんで（笑）。
玉袋　髙橋組の若頭だよ～（笑）。
椎名　でも素晴らしい道場でしたよね。あんな一等地に建って。
玉袋　広尾だからな。ロサ会館とは全然違うよ（笑）。
ガンツ　飲みに行く場所も変わりますよね？
謙吾　そうっスね。六本木とかめっちゃ近いっスからね。自分にとっては場所がよくなかったですね（笑）。
ガンツ　すぐに六本木に遊びに行けちゃって（笑）。
謙吾　広尾の道場の2階が寮だったんですよ。だから自分、港区在住の港区男子ですよ（笑）。

「背中のタトゥーはデビュー戦で初お披露目だったんですよね。日本人タトゥーファイターの先駆けですよ」（ガンツ）

玉袋　ラグビーをがっちりやってきたから、練習は最初から問題なくついていけました？

謙吾　基礎体力の練習は大丈夫でしたね。ただ、マット運動だったり、ブリッジなんかは、ちゃんとできるまでちょっと時間かかりました。

玉袋　接待でのマット洗いとはだいぶ違うマットだもんな（笑）。レスリングとか寝技も道場で初めて経験するわけじゃないですか。最初はやっぱりボロ雑巾のようにされたんですか？

謙吾　とりあえずひと通りやられて、やられて、みたいな。しっかりと教わったっていう記憶があまりないんですよね。

ガンツ　やはり当時はまだ、ラッパかまされて、やられて覚えるという時代だったんですね。

謙吾　入ってすぐ、船木さんと打撃のスパーリングもさせられて、思いっきりミゾオチにパンチを喰らったこともありましたね。見せしめじゃないけど、うつぶせに倒れてよだれが出るくらいに「うぅ……」ってなってたら、船木さんに「おい、謙吾、呼吸しろ！　呼吸しろ！」って言われて。最初にそれを喰らったのを憶えてますよ。

玉袋　洗礼だよな。

謙吾　あとは船木さんにチョークで落とされたこともあったし。

椎名　いきなり落とされるって危ないですねえ。

ガンツ　そういう船木さんがトップの道場で、大変じゃなかったですか？（笑）。

謙吾　でも自分はべつに大変っていう意識ではやってなかったんで。「あっ、こういうものなんだ」って感じで。「おー、ヤバいな。体験しちゃってるじゃん、俺」みたいな。落とされても「やべっ！　俺、落とされちゃったじゃん。これか！」とか（笑）。

ガンツ　「俺、本当に格闘家みたいじゃん」という（笑）。

謙吾　そっちの感覚のほうがありましたね。

ガンツ　パンクラスとしては、謙吾さんを最初から大型新人としてデビューさせる考えはあったんですか？

謙吾　あったんじゃないですかね。最初は海外でデビューっていう話もありましたからね。たぶんローカルのケージ大会とかで。

椎名　キング・オブ・ザ・ケージとかいろいろありましたもんね。

謙吾　その話があったのは入ってまだ数カ月で、いま思うとめちゃくちゃですよね。寝技の基礎すらまだ満足に身についていないのに、そのときは「マジっスか!?　全然やりたいっス！」みたいな感じでしたけど（笑）。

玉袋　でも、それぐらい期待されていたってことだもんね。貴重なヘビー級だしさ。

ガンツ　だからパンクラスの秘密兵器として、デビュー前から週プロの表紙ですからね。謙吾さん、背中のタトゥーはいつ入れたんですか？

謙吾　大学3年生ぐらいのときだったっスかね。バレないように隠してましたけど。

ガンツ　あのタトゥーもデビュー戦のときに初お披露目だったんですよね。だから練習風景の写真もかならずTシャツ姿で。あの背中にタトゥーがあるっていうのも、これまでのU系の選手とはまったく違いましたね。

椎名　新しかったよね。ファッショナブルだし、あとはキモとかUFCのタトゥー文化とつながってたじゃん。

ガンツ　日本人タトゥーファイターの先駆けですよ。須藤元気よりも早かったので。

謙吾　そうっスね（笑）。

玉袋　元気はパンクラス入門前にアメリカに行って、ビバリーヒルズ柔術クラブで練習していたんだもんな。

ガンツ　あの人は当時から戦略的で、自分は身体がちっちゃいから普通に新弟子から入ったらダメだっていうことで逆輸入ファイターになったんですよね。

椎名　タトゥーも「売れるためのキャラクターで」って言ってたもんね。

謙吾　賢いっスよね。自分はノリで行っちゃってる感じがあったんで（笑）。

ガンツ　路線で言えば、山本ＫＩＤさんとかそっち系でしたから。

椎名　最初からストリートの匂いがしたよね。

玉袋　謙吾さんは実際、ファッション誌とかストリート系の雑誌にも取り上げられていたしね。

ガンツ　それどころかデビューと同時にヌード写真集が出ましたよね（笑）。

謙吾　あれはＤＥＥＰですね。

ガンツ　佐伯繁撮影＆プロデュースで（笑）。

玉袋　売れたのかね？

謙吾　売れてないんじゃないですか（笑）。

玉袋　いまも持ってます？

謙吾　いや、自分は持ってないっス。黒歴史です（笑）。

椎名　でも出版できちゃうっていうことは格闘技人気があったってことだよね。

「前田さんが〝ボンクラス〟とかって言っててシャレが効いてますよね。やっぱギャグセンスが高いっスよ（笑）」（謙吾）

玉袋　パンクラスの尾崎社長とはどんな感じだったんですか？

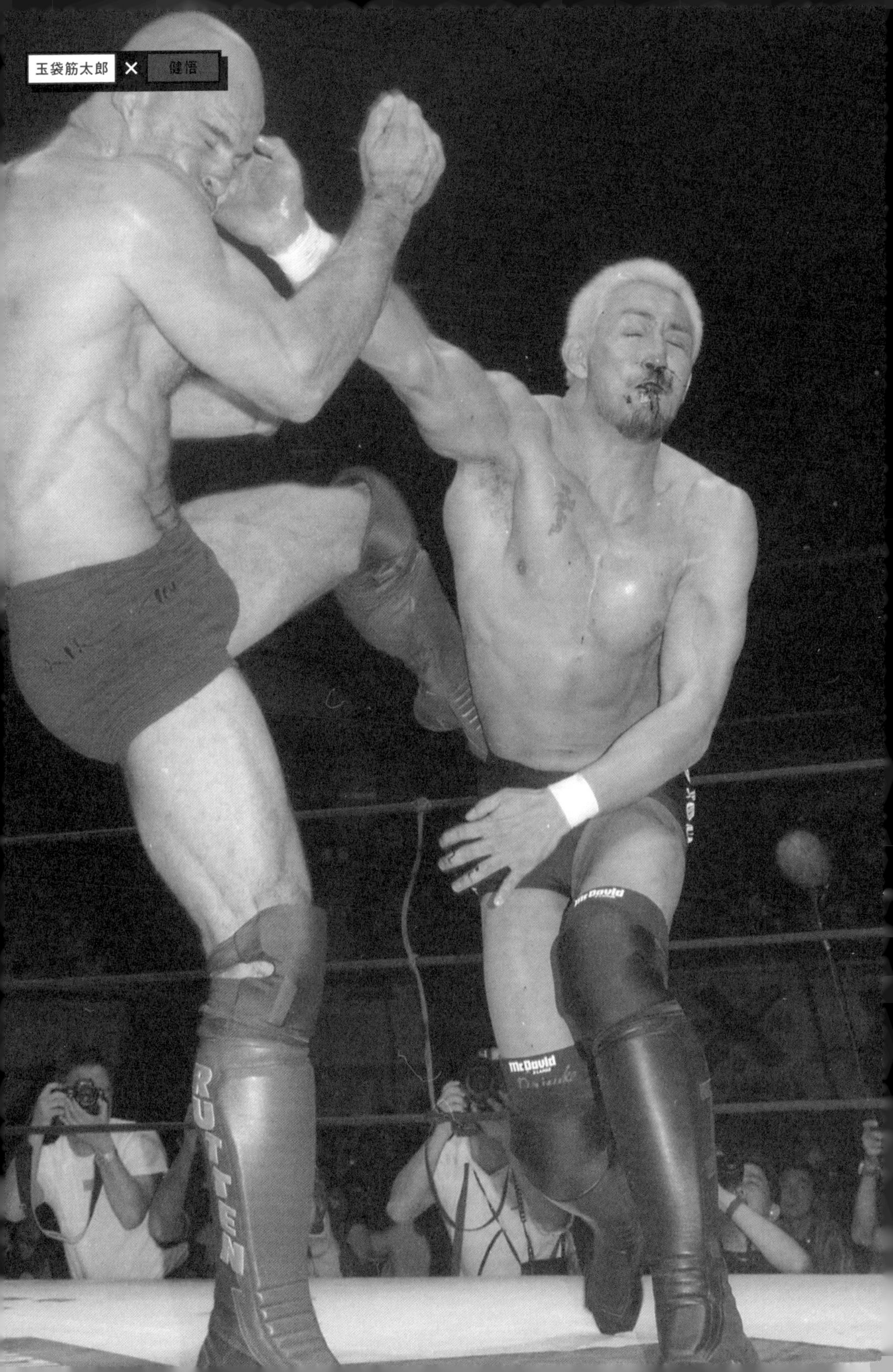
RUTTEN
McDavid

謙吾　当時は普通に社長と選手みたいな感じですかね。いまは全然音沙汰ないというか。
玉袋　そりゃ、いま前田さんのところにいたら音沙汰もないですよ（笑）。
椎名　でも謙吾さんがパンクラスに入った頃は、リングスと揉めに揉めていたときですよね。
謙吾　いちばんじゃないですかね。自分も前田日明は親の仇だって思っていましたから（笑）。
玉袋　髙橋組の若頭としては、髙橋組長がそう言っているわけだもんな。
謙吾　先輩たちがそうだったんで、「あっ、前田日明ってそうなんだ。マジっスか？　わかりました！」みたいな（笑）。
ガンツ　物騒な話ですけど、会場で鉢合わせになったら何かが起こるっていう時代でしたよね。
謙吾　そういう感じでしたね。自分が大学4年のときに髙田vsヒクソンの1回目があって、それを髙橋さんが観に行くからって「おまえも来るか？」って誘われたんですよ。
玉袋　そうだ。あの東京ドームで前田日明と髙橋義生のニアミスがあったんだ。
謙吾　それで「あっ、行きます！　マジで観れるんスか？」みたいな感じで、ラグビーの練習を休んで観に行って。そうしたら髙橋さんがファールカップを着けていたみたいなんですよね。
ガンツ　前田さんと鉢合わせになってもいいように（笑）。
謙吾　ファールカップを着けて、クルマの中に鉄ヌンチャクだっけかな？（笑）。
玉袋　出入りだよ、それ（笑）。
謙吾　クルマの中にスタンガンを入れてたのは、もうちょっとあとだったと思うんで。
椎名　スタンガンまで用意していたんですか（笑）。
ガンツ　尾﨑社長もスタンガンを持っていましたよね？
謙吾　尾﨑さんのはもっとボルトが高いやつですね（笑）。
玉袋　ボルト！　ヤバいな、それは（笑）。
謙吾　髙橋さんのよりも何倍も威力があるやつで（笑）。
玉袋　牛も倒すくらいの（笑）。
ガンツ　素人だから、前田さんが来たときはそれくらいじゃないと対抗できないと（笑）。
謙吾　自分が練習生のときに尾﨑社長が「凄いスタンガンを手に入れた」って道場に持ってきたんですよ。それで先輩がB－3の革ジャンを持ってたから俺がそれを着て、「ちょっと試しにやりますか！」って受けてみたら、めっちゃ痛かったんですよ。分厚い革ジャンを着ててもちょっと火傷みたいになって。「これはヤバいっスね！　これはぶっ倒れますよ！」って（笑）。

ガンツ　「これなら前田もイチコロっスよ!」みたいな(笑)。
玉袋　大間のマグロの電気ショックみてえだな(笑)。
椎名　でも前田日明幻想が広がるね。それぐらいじゃないと対抗できないっていう。
謙吾　それで『PRIDE.1』の高田vsヒクソンのときは、試合後に髙橋さんとバックステージに行ったら向こうから前田さんが来て、一瞬睨み合いになったところで山本宜久さんが「ちょっとすいません」って間に入って事なきを得たんですけど。自分はそれを横で見てますからね。「おっ、前田日明と髙橋義生が!」みたいな(笑)。
玉袋　「おっ、始まるか?」みたいな(笑)。
謙吾　「キターー!」って感じですよ(笑)。
玉袋　いま聞いてもワクワクするよな。ざわつくよな。
椎名　あの頃の気持ちが蘇ってきちゃうよね(笑)。
ガンツ　あれって、そもそもなんで揉め始めたかっていうと、パンクラスの人間が裏で「リングスは八百長だ」って言ってるって話を耳にした前田さんが、記者の前で「許せないことがある。パンクラスを潰します」って宣言して、そこからなんですよね。実際はパンクラスの人じゃなくて、フジテレビのプロデューサーが言っていたらしいですけど。
謙吾　それで「ボンクラス」って言って。シャレが効いてますよね。やっぱギャグセンスが高いっスよ(笑)。

「デビュー戦の相手だったルッテンはすぐあとにUFCでTKに勝つんですよね。絶頂期ですよ(笑)」(ガンツ)

玉袋　「パンクラスはコトナだ」とかね。
ガンツ　で、前田さんの「パンクラスを潰す!」発言を受けて、今度は髙橋さんが「前田を殺す!」って言い出して、泥沼化していったんですけど。前田さんがUFC-JのNKホール大会で安生洋二さんに襲撃されたとき、謙吾さんは事前に知っていたんですか?
謙吾　なんかあの日、髙橋さんと安生さんが話をしてましたからね。なので行くもんだとは思ってました。自分は見張りもやってたんで。
玉袋　見張り(笑)。
謙吾　「おまえ、見張りやっとけ。前田日明が来たら教えろ」って言われて。
ガンツ　髙橋組長からそんな任務を与えられていたんですね(笑)。
謙吾　だからNKホールのステージの端っこでずっと、「まだ前田来ねえな……」って待ってたんですよ。デカいから来たらすぐわかるじゃないですか。それで全試合が終わってから前田さんがステージ裏に来たんで、「髙橋さん! 来ましたよ!」って(笑)。

ガンツ　それで髙橋さんが安生さんを呼んで、「あそこにいますよ！」って伝えたんですよね。
玉袋　それを偶然、『格闘コロシアム』のカメラが捉えてたんだよな。髙橋選手が「あっち！　あっち！」って言ってるところも撮ってたからね。
椎名　観たことあるんですか？
玉袋　あるよ。もちろん番組じゃ流せなかったけど、「カメラがとらえた決定的瞬間」だよな。
ガンツ　いろんな人が知っていたんでしょうね。『週刊ゴング』は殴った瞬間を正面から写真を撮ってるくらいですから。
玉袋　前田さんだけが知らなかったってことか。
ガンツ　そんなことが起こる時代だったんですよね。
玉袋　言ってみりゃ、みんなイケイケドンドンだもんな。前田さんはひとりでリングスを背負って大変な立場だったからね。
ガンツ　当時はＰＲＩＤＥがまだブレイク前ですから、いつ誰が寝首をかかれるかわからないリアル戦国時代でしたしね。
玉袋　仁義なき戦いだよ。
ガンツ　歴史のｉｆがいろいろあって、あの日、本当は髙橋さんが行くはずだったとか。
謙吾　それを安生さんが止めたんですよね。「いいよ、俺が行くから」って。

玉袋　ダチョウ倶楽部の「どうぞ、どうぞ！」みてえだな（笑）。

ガンツ　あんな事件、いま起きたら大スキャンダルですよね。当時でもそうでしたけど。

玉袋　タイガー・ジェット・シンの伊勢丹前襲撃事件とはまた違うからな。俺もあのとき「どうなっちゃうんだろ」って思ったもん。手打ちもねえだろうし。

ガンツ　結局、安生さんは罰金刑ですからね。

椎名　シンは猪木から起訴されていないもんね（笑）。

玉袋　謙吾さんはとんでもない時代に飛び込んだってことですよ。まあ、それよりもいちばんとんでもないのが、デビュー戦の相手がバス・ルッテンってことだけど（笑）。

ガンツ　デビュー戦でいきなりルッテンとやるっていうのは、いつ告げられたんですか？

謙吾　「（1998年）9月に旗揚げ5周年を武道館でやるから、そこでデビュー」っていうのは7月くらいに聞いたと思うんですよ。そのとき「相手はルッテン」っていう話だったんですけど、「マジっスか!?」って（笑）。

ガンツ　「こんなにいいカードでいいんですか？」っていう（笑）。

玉袋　ルッテンだって、凄い上り調子の頃だもんね。

ガンツ　めちゃくちゃ強い頃ですよ。

謙吾　自分とやったあと、すぐにUFCチャンピオンになってるんで。

ガンツ　謙吾さんとやったすぐあとにUFCでTK（高阪剛）に勝つんですよね。だから絶頂期のルッテン相手にデビュー戦という（笑）。

謙吾　めちゃくちゃっスよね。

「いまの朝倉未来選手たちも、こういう黎明期の選手たちが築いた礎の上に現在があるってことをわかってほしいよ」（椎名）

玉袋　ルッテンのイメージは？

謙吾　やっぱり憧れが強かったですよ。船木vsルッテンも観てるんで。身体能力が高いし、掌底もパンチと変わらない感じだし。

ガンツ　掌底もルッテンの場合、フックじゃなくてストレートなんですよね。手のひらの固い部分でドーンと打ち抜くっていう。

謙吾　ボッコボコにやられましたけど、闘えてよかったっスね。

ガンツ　そして当時、パンクラスはまだ月1試合ペースでしたよね。だからデビューしたら、リアルファイトを毎月ずっとやり続けなきゃいけなかったという。

謙吾　だからデビュー戦でルッテンにKOされた2、3週間後にジェイソン・ゴドシーと後楽園のメインでやらされて（笑）。
ガンツ　ゴドシーって、近藤有己選手や髙橋さんにも勝っているヘビー級のヤバいヤツじゃないですか！（笑）。
謙吾　だから1分くらいでボコボコにされて（笑）。
玉袋　ルッテンにKOされた2、3週間後にそれって、無茶すぎるよ！（笑）。
椎名　当時のパンクラスの選手の戦績を見ると、50戦とかやっていて、今後MMAでこの試合数を超える選手は出てこないだろうなって思うんですよ。
謙吾　9月にKO負けしてるのに10月にすぐゴドシーとやって、11月に稲垣（克臣）さんに判定で負けて、12月にジョン・ローバーとパンクラチオンルールでやってますからね。そこでようやくドローだったんですけど。
ガンツ　当時、パンクラスもリングスもまだ掌底ルールの時代だったのに、なぜか謙吾さんはデビュー4戦目でバーリ・トゥードをやるっていう（笑）。
謙吾　まだ1年も経験してないのに（笑）。
ガンツ　しかもパンクラチオンルールって、頭突きもありなんですよね。
玉袋　めちゃくちゃだよな（笑）。
椎名　いまの朝倉未来選手たちも、こういう黎明期の選手たちが築いた礎の上に現在があるってことをわかってほしいよね。50戦も命を削って闘った人たちがいて日本の格闘技シーンができている上でメシが食えてるんだってことを。
ガンツ　近藤選手の戦績とか見ると試合数がおかしいですもんね。110何試合とかやっていて（笑）。
椎名　しかも、こないだ勝ってたもんね（笑）。
ガンツ　GLEAT MMAで田村潔司さんの指導を受けた22歳のブレイキングダウン王者・井土徹也に47歳にして判定勝ちして。
謙吾　近藤さんはやっぱ武道家なんですよ。
ガンツ　90年代の選手は凄いですけど、やっぱり月に一度のペースはやりすぎですよね（笑）。
玉袋　KOされた選手が翌月も試合しちゃダメだよ。
ガンツ　毎月試合していたら、前の試合のダメージが抜ける頃に次の試合が来ちゃって、スキルアップする時間がないですもんね。
謙吾　そうっスね。
ガンツ　そう考えると謙吾さんの場合、リングスでデビューのほうがよかったかもしれないですね。前田さんならヘビー級の選手をじっくりと育てようという考えがあっただろうし。
謙吾　道を間違えましたね（笑）。

ガンツ　前田さんと出会うタイミングを間違えた（笑）。
謙吾　リングスに入っていたら、ロシアとか行けましたよね。
ガンツ　「半年ぐらい行ってこい」とかありそうですよね。
玉袋　その海外武者修行はいいね〜。ＴＫと一緒にシアトルに行ってもいいわけだしな。
ガンツ　オランダ武者修行なんかも可能だし。
謙吾　ああ、オランダはいいっスねえ。行ってみたいっスね。
玉袋　オランダはなんか性に合ってるような感じがするもんな（笑）。
椎名　ストリートの匂いがしますしね（笑）。
謙吾　そっちに染まってダメになっちゃってるかもしれないっスね（笑）。
椎名　マリファナ文化の洗礼を受けて（笑）。

「キング・オブ・ザ・ケージ出場が決まったときにメディカルチェックで引っかかって『もういいかな』みたいな」（謙吾）

ガンツ　でも実際の謙吾さんは、ラグビー時代に膝の靭帯を切ったまま、パンクラスで毎月試合をしていたわけだから、それは大変だったでしょうね。
謙吾　だからデビュー翌年の１９９９年春ぐらいに手術して、そこから1年くらいは試合に出られなかったですから。
ガンツ　それで謙吾さんは復帰後、ＤＥＥＰでドス・カラスJr.との2連戦や、新日本の『アルティメット・クラッシュ』でリョート・マチダとやったりしましたけど、２００５年にはパンクラスを離れてアメリカに拠点を移したんですよね。
謙吾　29歳くらいでパンクラスを辞めて、海外に行きましたね。
玉袋　円満退社？
謙吾　まあ、円満かどうかはわからないですけど、ちゃんと筋をつけて。
ガンツ　辞めた理由はなんだったんですか？
謙吾　戦績もよくなかったし、「この環境にいてもダメだな」と思って心機一転で雑音のないところに行って練習しようってことでアメリカに行ったんですね。
椎名　どこのジムだったんですか？
謙吾　自分はチーム・オーヤマって、ランペイジ・ジャクソンがいたところですね。日系のコリン・オーヤマさんっていう、高校時代に曙にレスリングか相撲で勝ったっていうハワイアンのところで（笑）。
玉袋　最高だね（笑）。
謙吾　その人によくしてもらって、2年ぐらいそこで練習してました。
椎名　アメリカの大会にブッキングされながら？

謙吾　K－1からアメリカ大会のオファーがあって、そこでK－1ルールでゲーリー・グッドリッジとやって、1分くらいでKOされて（笑）。

玉袋　また、そういう無茶な仕事を受けるところがいいね（笑）。

謙吾　本当はMMAのローカル大会もどんどん出ていこうと思っていたんですけど、キング・オブ・ザ・ケージ出場が決まったとき、向こうのメディカルチェックで「目に傷がある」ってことで引っかかっちゃって、「アメリカでは試合ができないよ」って言われちゃったんですよ。

玉袋　それもまた厳しいな。

ガンツ　向こうはメディカルチェックが厳しいですからね。

謙吾　それでちょっと心が折れて、「もういいかな」みたいな。

ガンツ　現実問題、アメリカで試合ができる可能性が極めて少なくなったわけですもんね。

謙吾　試合ができないならしょうがないかなって。日本だったらまだできたかもしれないですけど、そういうつもりでアメリカに渡ったわけじゃなかったので。

玉袋　それで帰国したあとはどうしていたんですか？

謙吾　「どうしようかな？」みたいな感じで、辞めて半年くらいプラプラしていたら、海外に行っていたときによくしてもらった会社の社長が、キャラクターの版権とか、アパレルメーカーと映画会社の間に入って商品化の話をつける仕事をやっていて。ちょうどWWEジャパンができて、「WWEの商品化のライセンスをやってくれないか？」っていうのをその会社が言われたらしくて、そこの社長から「こういう話があるから、ちょっと働いてみないか？」と誘ってもらったんですよ。それで、まあおもしろそうだからやってみようかなって。

玉袋　ようやく社会人になったんだな（笑）。

謙吾　そうっスね。大卒・32歳で（笑）。それでWWEの商品化とかでアパレルだったりフィギュアのメーカーさんに営業して。選手をやっていたのもあって、けっこうそういうつながりもあったんで。

玉袋　選手時代のつながりが活きているわけだ。

謙吾　それがビジネスとして形にできたので、そこの会社でもう15年ぐらい働いていて、それが本業ですね。

「かつては『親の仇だ』と教えられ、元・見張り役だった男が前田日明のマネージャーになるんだからおもしろいよ」（玉袋）

玉袋　格闘家の期間よりも長くなっちゃったんだ。

謙吾　そうっスね。あと、いまだったら長州さんのライセンスを預かっていて、長州さんや武藤さんがいま着てるTシャツとかあるじゃないですか。ふたりが温泉に入ってたり、ドライブしてたりするイラストの。ああいうのは自分が間に入って全部やってますね。

玉袋　すげー！　あのよく見るTシャツを謙吾さんが手掛けてるとは思わなかったな～。

椎名　ストリートでのいいセンスが活きてますね。

ガンツ　いまはその版権ビジネスが本業で、副業が前田さんのマネージャーなんですか？

謙吾　そうですね。なぜか（笑）。

玉袋　なんで、かつては「親の仇だ」と教えられてきた前田さんのマネージャーをやることになったんですか？

謙吾　そもそも前田さんとは挨拶程度でゆっくり話をしたこともなかったんですけど、これは『KAMINOGE』が悪いんですよ（笑）。

玉袋　えっ、『KAMINOGE』が？

謙吾　『KAMINOGE』編集長の井上さんとは、たとえば井上さんがWWEのTシャツを作るときにライセンスの許諾を自分が取ったりとかで仕事をさせてもらっていて。長州さんのマネージャーの谷口さん含めて仲良くさせてもらってたんですけど。ある日、井上さんから突然「謙吾さん、前田さんのマネージャーをやるんですか？」ってLINEが来て（笑）。

玉袋　急に？　寝耳に水もいいところだな、それ（笑）。

謙吾　「何を言ってるんだ、この人？」って思ったんで、すぐに電話をして。「なんスか、これ？　俺、そんな話聞いてないっスよ」って言ったら、「なんかやるって話を聞きましたよ」って言われて。

ガンツ　それ、誰からの話なんですかね（笑）。

謙吾　ZSTの上原が言ってたとか、あと前田さんも言ってるみたいなことを聞いて。どうやら自分の知らないところで「謙吾がいいんじゃねえか」って話になっていたみたいで（笑）。

椎名　いつの間にか謙吾さんがマネージャーをやる話になっていたんですか（笑）。

謙吾　ちょうど前田さんから芸能事務所のマネージャーさんが離れたタイミングだったみたいで、それでマネージャーさんを探していると。

ガンツ　それ、上原さんが自分がマネージャーをやるのはしんどいから、「謙吾さんがいいんじゃないですか？」みたいな感じで振ったんじゃないですか？（笑）。

謙吾　そういうのもあると思います（笑）。で、そのへんの流れから井上さんに話が行ってて。結局、前田さんと1回会って話をしてみようってことになったんですよ。そこで前田さんに「いま自分はべつで仕事をやってるんで、やるとしても片手間になりますし、そこの社長さんにも話をしないと難しいんで、少しお時間をいただいてもいいですか？」みたいなことを話して。それでウチの社長にも相談したら、「採めなきゃいいいんじゃないの」みたいな感じだったので、やってみようかなと。「なんで俺が前田日明のマネージャーなの？」って思いながらも「ちょっとおもしろそうだ」と思ってる自分もやっぱりいたんで（笑）。

ガンツ　「この展開はおもしろそうだな」と（笑）。

椎名　人としては凄く興味がありますもんね。

謙吾　それはそれでおもしれえんじゃねえかと。

玉袋　元・見張り役がマネージャーになるんだから、それはおもしろいよ（笑）。それで前田さんのマネージメントっていうのはどういう仕事をしてるんですか？

謙吾　基本的にはスケジュール管理と、あとは仕事の交渉とか。前田さんに話があれば全部自分に振ってもらって自分が対応するっていう。

玉袋　じゃあ、前田さんのＹｏｕＴｕｂｅのほうも管理してるんですか？

謙吾　ＹｏｕＴｕｂｅに関しては制作会社が入ってるんで、自分はスケジュールとか企画の確認をやってるだけなんですけど、基本的にはなるべく現場に行くようにはしてますね。

椎名　本職のほうは出勤とかあるんですか？

謙吾　そうっスね。朝出勤して、午後から前田さんの仕事に行ったりとか。そこは融通をきかせてもらってるんで。本職の仕事もちゃんと売り上げを出すようにはしてますし、それで治外法権を確立してるところがありますね（笑）。

「高田さんと前田さんが、遅かれ早かれまた一緒に何かできるようになればいいなって、自分としては思うんですよ」（謙吾）

玉袋　立派なビジネスマンだ。俺も「なんで謙吾さんが前田さんのマネージャーに？」って不思議に思っていたけど、自分が知らないところで話が進んでいながら、本職と両輪でしっかりやっているっていうのは感心したよ。

謙吾　大人に操られただけですよ。諸先輩方に。で、そうするとみんなが前田さんに仕事を振りやすいみたいな（笑）。

椎名　たしかに格闘技業界の人間は、謙吾さんが窓口だったら頼みやすいですもんね。前田さんに直接は言えないし。

玉袋　実際に前田さんとはプライベートの話もするわけじゃないですか。それはどんな感じなんですか？

謙吾　前田さんも過去、いろんな人といろんなことがありましたけど、まだ根に持ってる案件はあるんじゃないですかね。

玉袋　逆に許しきってるのもあると？

謙吾　そこは人によりきりなんじゃないですかね。たぶん前田さんの言い分もあると思うし、いま前田さんと疎遠になっている人たちの言い分も当然あるだろうし。

玉袋　髙田延彦さんの言い分もあるだろうし（笑）。

謙吾　そうっスね。髙田さんは髙田さんの言い分はあるだろうし、それは安生さんしかり、宮戸さんしかり、あるとは思うんですよ。そこは当人同士のあれで自分はわからないんで。ただ、たとえば髙田さんと前田さんが、遅かれ早かれまた一緒に何かできるようになればいいなって、自分としては思うんですよ。

玉袋　それはファンみんなの願いですよ。そういう道筋をつけていただきたい！

謙吾　まあ、安生さんは無理だと思うんですけど（笑）。

椎名　そりゃそうでしょ。うしろから殴ってるからね（笑）。

玉袋　いまは市屋苑で焼き鳥を焼いてるからね。

謙吾　いきなり前田さんが来店して、それをＹｏｕＴｕｈｅで撮ったらおもしろいですけどね（笑）。

椎名　それは再生回数が凄そうだ！（笑）。

玉袋　でも前田さんといろんな人との再会っていうのは、時が解決してくれることを期待したいね。いいタイミングでニュートラルな謙吾さんに間で動いてもらってさ。

椎名　それはでも大変な役ですよね。

謙吾　そうっスね。でも猪木さんが去年亡くなったじゃないですか。前田さんも本当は猪木さんと再会して、ゆっくり話してみたかったのに叶わなかった。それでこういうものは順番だから、年齢も含めて次に誰と会えずじまいになるかわからないじゃないですか。

ガンツ　前田さんの新日本時代の先輩方は、もうかなり亡くなられていますもんね。

謙吾　だから髙田さんしかり、佐山さんしかり。特に佐山さんがいなかったら前田さんは新日本プロレスに入っていないわけですし。髙田さんと前田さんも若かりし頃の兄弟のような関係もあるわけですし。何か猪木さんみたいになる前に、そういう再会ができたらいいなって思いますね。

玉袋　本当にそれがみんなの願いだよ！

椎名　素晴らしすぎる。謙吾さんにこの格闘技界をまとめてほしいね（笑）。

謙吾　いやいや。それには自分ひとりじゃなくて、みなさんの協力が必要ですから（笑）。

玉袋　そうだよ。業界みんなが協力しなきゃ。

ガンツ　猪木さんが亡くなって、弟子たちがみんな恩讐を越えて集まって師匠を送れば、それがいちばんの供養だし、ファンもよろこびますからね。

玉袋　大変だと思うけど、ニュートラルな謙吾さんにそこは

うまく動いてもらいたいよ。

椎名　でも髙橋さんとの居酒屋での出会いから業界に入って、凄いところに着地しましたね。

謙吾　そうっスね。自分ではこんなふうになると思って生きていなかったですからね。

ガンツ　その都度、おもしろそうな道を選んでいたらこうなったという。

椎名　これが須藤元気さんみたいに、すべて狙って計算ずくだったら鼻につくもんね（笑）。

玉袋　やっぱそこの嗅覚っていうのは凄いよな。ある意味では猪木イズム的なところがあるもん。直感で行くっていうね。

謙吾　いつ何時でも「ゆけばわかるさ！」って感じですね。

玉袋　まさかあの『道』の詩と謙吾さんがつながるとは思わなかったよ（笑）。

謙吾　やっぱりアントニオ猪木が自分のルーツなんで。

玉袋　最高だよ！　謙吾さん、これからも期待してます！

自己投影観戦記
できれば強くなりたかった

第131回

箱根駅伝を見てプロ格闘スポーツについて考えたこと

椎名基樹

椎名基樹（しいな・もとき）1968年4月11日生まれ。放送作家。コラムニスト。

箱根駅伝を沿道から観戦した。箱根駅伝の熱心なファンというわけではないけれど、湘南の海岸沿いをまっすぐに走る国道134号線を、正月晴れの日光に照らされながら走るランナーの光景は、新年の風物詩として、私の中にも強い印象がある。

この道に架かる歩道橋の上から見ると、駅伝コースの一本道は巨大な富士山に向かって伸びているように見えるので、箱根駅伝は非常に縁起がいい祭りに思え、また、汗と涙がトレードマークのこのイベントは、苦痛を供物にした神聖な儀式のように感じられもする。

去年、茅ヶ崎に引っ越して、この道はすっかり私のなじみの場所となった。愛着ある場所に、日本全国の注目が集まるなんてなんとも妙な感じであり、テンションが上がる。おまけに神聖な儀式である。見に行かなくてはなるまい。

しかし、昨年は、レースの時間内に起床することができず、観戦を断念した。今年はなんとか起きていることができたので、念願が叶ったのだった。

とは言っても、初日の「往路」は、テレビ中継で藤沢あたりを先頭が走っていたので、そろそろよかろうと家を出発したものの、海岸通りに着いた頃には、箱根駅伝のハの字もなく、まっすぐな国道134号線には、何事もなかったように、通常通りクルマがびゅんびゅんと走っているだけだった。

ランナーの奴ら、想像より全然速えー！　さらに通行止めの解除、道路に置かれたコーンなど機材の撤収などの迅速さも驚愕だ。神奈川県警すばらしい。不祥事ばかりじゃない！

かくして翌日の「復路」は、ネットで予定通過時間を調べ、その30分前には現場にスタンバった。準備万端な態度は正解であった。場所取りをしていなかったら、人垣の外からランナーたちを見なければならなかった。

沿道を埋め尽くした観客を見て、私は思った。もし箱根駅伝が地上波放送ではないとしたら、これほどの観客を集めることはできないだろう。国民的行事として、人々に愛される事はないだろうと。

年末におこなわれた井上尚弥の4団体ボクシング統一タイトルマッチは、U-NEXTで配信された。日本ボクシング史上最高の選手による、前人未到の偉業達成は、ボクシングファンだけが「ひっそりと」見ることが許された。

かつてボクシングの世界タイトルマッチは、国威発揚、国民の士気高揚の役目を大きく担っていただろう。日本初の世界タイトルマッチの白井義男vsダノ・マリノは、1952年に後楽園球場に4万5000人の観客を集めておこなわれた。敗戦から7年、それは多くの人々に勇気を与えたことだろう。

大晦日のRIZIN興行は、PPVによって配信された。那須川天心vs武尊のときに、試合直前で、地上波局が放送から手を引いたために、やむを得ずPPV配信のみになった。しかし蓋を開けてみれば、PPVは記録的な収益を上げた。地上波放送を頼る必要がまったくないことが判明したのだった。RIZINのビジネスモデルは大きく前進した。今回の大晦日も、格闘技で年を越したければ、料金をお支払いくださいというわけだ。

かつてアントニオ猪木は、無関心な世間の人々を振り向かせなければ、東京ドームを埋めるような、大きな興行はできないと言った。しかし、その考え方は、いまのエンターテインメント業界のビジネススキームとは違っている。マニアに向けて、インターネットメディアを使ってビジネスをするのが、もっとも効率的に収益を上げることができるようだ。東京ドームを埋めるくらいならば、マニアだけで充分だったのだ。

しかし、アントニオ猪木が「無関心の人たちを振り向かせたい」と考えたのは、東京ドーム級のビッグイベントを成立させるためだけではないと思う。

井上尚弥は、ガッツ石松、輪島功一、具志堅用高、辰吉丈一郎よりも知名度があるだろうか？　井上尚弥の試合を見たことがある人数が、彼らの試合を見たことのある人よりも多いだろうか？　間違いなく、過去の選手のほうが知名度が高いと私は思う。

よりマニア度が高い、RIZINにおいては、世間的に知名度があるのは、那須川天心くらいだっただろうか。今後、PPVの配信だけを続けた場合、団体のエースが世間的には知名度が低い存在になってしまうかもしれない。

エンターテインメントビジネスを成功させるには、しっかりとマニアにターゲットを絞って、そのマニアを少しずつ拡大していくことがもっとも効率がいいようだ。しかし、その方法だけでは、知名度を得て、多くの人に尊敬され、愛されるような選手は出現しにくいようにも思える。

ましてや、箱根駅伝のように、もはや神事と感じられるほどに、人々に親しまれるスポーツが、歴史を重ねて醸造されることはないだろう。

さらに、マニアだけを相手にした場合、新規のファンを開拓していくことが難しいのではないだろうか。だからずっとマニアだけ相手にしていれば、いつか、そのコンテンツはしぼんでいってしまうのではないだろうか。

これほどエンターテインメントコンテンツが多様化した時代に、昔のような圧倒的なスターが生まれることは難しくなっているのかもしれない。

プロスポーツがビジネスを最優先するのは当然なことだし、お金を生むことができるからこそ、そのスポーツが発展していく。

しかし、プロスポーツといえども、ビジネスだけが優先されて、社会に活力を与える役目を忘れてしまったら、なんだか寂しいし、それを忘れてしまったらいつか衰退していってしまうような気がする。

ただ、エンターテインメントの配信ビジネスはまだ始まったばかりであり、今後、どのメディアがもっとも人を集めることができる、スタンダードになるかはわからない。

私はとりあえず、めんどくさいのを我慢して、いろいろな配信コンテンツに、入会したり脱会したりするしかない。あーめんどくさ。でも、めんどくさいのは我慢するので、せめて脱会の手続きを操作ひとつでできるように、簡単にしてほしい。アンケートとかも書きたくない。

大井洋一の冗談じゃない!!!

おもしろい人はなぜおもしろいのかを
調査する好評連載・第26回

収録日：2023年1月10日　撮影：タイコウクニヨシ　聞き手：大井洋一　構成：井上崇宏

普通の星のもとに生まれた、普通の感覚を持ったふたり。
でもやっぱり何かがおかしいし、それでもどこか正しい。

囲碁将棋

（文田大介&根建太一）

「やっぱり〝職業・漫才師〟っていうことを
意識していきたいです。
『テレビに出たい、有名になりたい』って思って
この世界に入ったんですけど、職業にしてから
意識が変わりましたね。
舞台はテレビの練習の場じゃない、
むしろテレビではしないことをする」

REBEL
Dodgers
16

20年ぐらい前の芸人コンビの関係性といえば、オフでふたりが話すことはないし、お互いの連絡先も知らないし、仕事以外ではまったく交わらない、なんていうのが当たり前で、そんなビジネスライクな関係が学生ノリとは違ってプロの芸人っていう感じがしてカッコよかったんです。

ところが、いつしか、コンビっていうのは仲がいいほうがいいよね！　という風潮になっていき、いまでは仲がいいが当たり前になってきている。

囲碁将棋といえば、そんな仲がいいコンビの代表的な存在で、楽屋でも楽しそうにふたりで話しているし、ネタはしっかりと整っているし、ビジュアルもシュッとしてる。

全体的に高いアベレージのコンビなんですけど、ここ最近は、ツッコミの根建くんから妙なノイズが出ていることが各番組で露呈してきて再注目されています。

圧倒的違和感。

この違和感の正体を探るべくお呼びしました！（大井）

「芸人をやっていて本当に不満は全然ないというか、なんならちょっと恵まれてるとさえ思っています」（根建）

——最近、根建さんの醸し出す違和感というのが顕著になってきていますよね。たとえば『水曜日のダウンタウン』で、パンサー尾形さんが電話を保留して相手を待たせるドッキリのときも、ひたすら5時間待ち続けていたり。

根建　そ、そうですね（笑）。

——文田さんは、根建さんの変な部分を日々感じながら生きているんですか？

文田　ボク的には付き合いも25年くらいになるんで知っている部分ではあったんですけど、変人というか奇人ですね。たぶん普通の会社にいたら成立しない人間だなとは常々思っています。

——ただ、常識がないわけではないじゃないですか。

文田　あっ、いや、常識はめっちゃないです。きのうも同期4組でやっているイベントがあって、みんながリモートで参加しているのに「俺も行く」って言っていたのにひとりだけ普通に来なかったりとか。

——なんで参加しなかったんですか？

文田　「iPhone7だからZoomに入れない」って。

根建　（ひときわ申し訳なさそうに）すみません。

文田　そういうのはけっこう多くて、あとはどこでも常にバイクで移動するとか。

——たとえば、どこまで行くんですか？

文田　いちばんビックリしたのが、沼津、幕張、大宮っていうスケジュールを6時間くらいかけて全部バイク移動とか。

――えっ！　それって苦ではないんですか？

根建　バイクに乗ること自体は全然苦じゃないですね。バイクといっても125ccのスクーターなんですけど。

文田　そういうのって普通はハーレーとかじゃないですか（笑）。

――ボクは少なくとも中型だと思っていましたよ（笑）。

文田　だから高速には乗れないっていう。

根建　だから全部下道ですね。

――そこまでいくと電車のほうがラクじゃないですか。

根建　まあでも、単純にバイクのほうがずっと座れるというか。

――いやまあ、そうですけど、風は浴びてますよね（笑）。じゃあ、仕方がなくバイク移動をしているのではなく、好きでそうしていると。

根建　好きでですね。毎日100キロぐらいはバイクを運転してるかもしれないです。ボク、芸人をやっていて本当に不満は全然ないというか、なんならちょっと恵まれてるとさえ思っていて。だって特に何もしたわけじゃないのに劇場とかもめっちゃ出させてもらっていて。

――えっ、何もしたわけじゃない？（笑）。

根建　よしもとって凄くいっぱい芸人がいますけど、なんで劇場に出られる人と出られない人がいるんだろうみたいなことを普通に思ったりしますし。

――それはがんばってるからじゃないですか？（笑）。

文田　まあでも、みんながんばっていますからね。

根建　単純に賞を獲ったりしてるならわかるんですけど、ボクらはなんの賞も獲っていないですし、同期でも劇場に出ていないヤツらがいて、そこと何が違うって、べつに何も違わないんですよ。

――それなのに劇場に出してもらえていると。

根建　本当に恵まれていると思いますね。

――満たされていると。物欲とかはないんですか？

根建　あまりないかもしれないですね。

――根建さんは服がずっとドジャースですけど。

文田　ボクもそこはめちゃくちゃ聞きたくて（笑）。そもそもドジャースを着てるのは、ポイズンガールバンドの阿部（智則）さんが根建のことを好きで、めちゃくちゃ洋服を送ってきてくれてるのを着てるんですけど、それはいいんですよ。

――先輩から服をもらって着るってのはよくある話ですよ。

文田　ただ、前までは普通に自前の服を持っていたのに、それが全部なくなって、いまはドジャースとジーンズだけっていう。10年くらい前は、毎回奥さんに「これを着なさい」って言われてこだわりなく着てるんだろうなっていうやつを着てて、それがドジャースとジーンズだけになって「ジーンズはこれしかない」って言い出したときに「えっ、それまでの

REBEL
Dodgers

REBEL
Dodgers

服はどうしたの？」となって、それが凄く怖くて。怖くないですか？

根建　これは単純に阿部さんから定期的に服を送っていただいていて、最初は野茂英雄が2に対して、アウターとかその他が8だったんですけど、だんだん野茂だけになり、野茂のTシャツとスウェットを2カ月に1回くらい送ってきていただくようになって、気づいたら「あっ、これだけで服は間に合うな」と。

「自分たちは普通の人間だなと思っていたんですけど、毎日野茂の服しか着てこないとか破滅型の人よりも怖い部分が根建にはある」（文田）

——デ、デザインとかは見ないんですか？

根建　なんかこれがラクというか、ボクの中では高校の制服みたいな感覚ですね。

——学ランを着るのと同じ（笑）。

根建　いろんな服があると「これ、上と下で合うかな……」って考えたりするじゃないですか。そういう時間がいっさいないっていうのがめっちゃラクなんですよ。

——じゃあ、今日も制服として着ている感じですか？

根建　そうですね。スウェットが8着あるとしたら、洗濯したあとに上に重ねていって、その日着るやつを下から引っ張ってるだけなんで。だから自分の中で楽しみもあるんですよ。「あっ、3日後にはこれを着れるな」みたいな（笑）。

——アハハハハ。全部ドジャースだけど（笑）。

根建　パチンコの保留玉みたいな（笑）。「今日はこっちを着たいんだけどな……」ってときもあるんですけど、いちおう順番は守ってます。

——それでドジャースしか着ないし、スマホもずっとiPhone7だし。

文田　こないだ単独ライブがあったときに、1回も会議室とかに集まらずにZoomで打ち合わせをしたんですけど、充電器を差しながらじゃないと電池が減っていっちゃうんですよ。バッテリーが弱すぎて（笑）。

——充電が追いつかない（笑）。

文田　それで事切れるかのように突然Zoomから消えて行って。そういう切れ方をしてるんでまた10分くらいは電源が入らないんですよ（笑）。

——完全なるゼロになっているわけですね。

根建　あー、あのときはWi-Fiとブルートゥースを両つなぎすると充電していても間に合わないってことがわかって、ちょっと替えようかなと思いましたね。10分で1パーセントくらいしか充電されないんですよ。

――じゃあ、普段は何にお金を使ってるんですか?

根建　本当に使っていないですね。急に20万の革ジャンを買うときもあるんですけど。

――あっ、ふと湧いてくる欲みたいなのもあるんですね。

根建　そのときは競馬で勝って、「20万の革ジャンを買いてえな」と思って買ったんですけど。それこそクルマがほしい欲とかもありますし。

――物欲がまったくないわけではないと。一方の文田さんはちゃんとオシャレをしますよね。

文田　でもボクも貰い物がけっこうあるんですよ。ボクはダサいってことでけっこういじられることが多くて、レイザーラモンHGさんとかとトークライブをしたときに「文田、なんか今日ダサいな」って言いかけたんで、「いじってもいいですけど、面倒みてくださいね」って言ったんですよ。

――なるほど(笑)。

文田　それからHGさんがシーズンごとに服を送ってくれるようになったので、その服を着たりとか、HGさんが着ている服と似たようなブランドのやつを買うようにしてからはマジでいじられなくなって。それまでは結局ボクは何を着ていてもいじられるんだろうなって思っていたんですけど、やっぱりオシャレな人が服をくれたらそんなこともないんだなって(笑)。

――そこで学びがあったわけですね。

文田　めちゃくちゃありましたね(笑)。HGさんはボクと身長が一緒で185あって、ほかに服をあげられる後輩がいないっていうのもめっちゃラッキーで。だからボクも物欲はほぼないですね。20代、30代という物欲がいちばんあってモノを買いたい時期に貧乏だったんで。

根建　カネを使うのは人並みにやるギャンブルくらいでしたね。

――人並みにギャンブルって何を?

根建　パチンコ、競馬、麻雀ですね。20代、30代のときは麻雀を毎日やっていましたね。で、ギャンブルを辞めてからはお金を使うことがなくなったかもしれないです。

――ギャンブルを辞めるきっかけが何かあったんですか?

根建　単純にお仕事を毎日させてもらえるようになって、やるタイミングがなくなったんですよ。

――ギャンブルで借金を重ねるみたいなことまではいかなかったんですか?

根建　借金はなかったです。クリーンにやっていましたね。

文田　ボクらは借金は1回もないですね。借りてまでやりたいものではなかったというか。

――節度を保ちながら。凄く失礼なんですけど、囲碁将棋は「ネタをしっかりやるけど、はみ出さない」っていうイメージなんですよ。ネタはおもしろいけど絶対に破綻しない。まさに借金してまでギャンブルはやらないみたいな。

文田　あー、きっとそういうことだと思います。

――芸人としては破滅型がちょっとしたキャラクターになっていたり、味になっていたりする人もいっぱいいて、結果それがなんとなく芸になり、おしゃべりの素にもなっているというか。

文田　たしかに自分たちはわりと普通の人間だなと思っていたんですけど、毎日野茂の服しか着てこないとか、どこでもバイクに行くとか、たぶんそういう破滅型の人よりも怖い部分が根建にはあるんで。

「文田は芸人になってから全員と交流を持てるようなヤツになった。学生の頃は文田のほうがアウトローなところにいましたから」（根建）

――細かいところだから気づくのにも時間がかかりますよね。わかりやすい狂い方じゃないから毎日見ていないとわからない（笑）。

文田　破滅型の人って常にコンプラの外と中を出たり入ったりみたいな人が多いじゃないですか。そうじゃなくて、コンプラのめちゃくちゃ内側にいるのにめちゃくちゃ変だっていう新しいパターンだと思います。何も生み出してないスティーブ・ジョブズというか、「服とかを選ぶ時間がもったいない」みたいなところのやり口は一緒なんですよ（笑）。

――黒いタートルネックか野茂かの違いだけで。逆に根建さんから見て、文田さんはどういう人ですか？

根建　高校、大学の頃はめちゃめちゃ浮いていたというか、ボクはコイツのことが大好きだったんですけど、いい意味でも悪い意味でも「アイツには近寄らないほうがいい」って言うヤツもいて、両極端の印象を持たれていた感じでしたね。

――全然わかんないんですけど（笑）。

文田　まあ、なんかイタいヤツというか。

――目立つ存在ではあったんですか？

文田　そうですね。誰に遠慮することなく。だからボクは芸人になってめちゃくちゃ暗くなりましたから。

――それはなぜですか？

文田　よしもとの楽屋のなんとも言えないつまらなさっていうか、特に若い頃は先輩後輩とかのあの感じだったりとか。

――窮屈な感じですかね。

根建　芸人になって暗くなったって言うより、文田は高校や大学の頃は3、4人の仲間としか遊んでなかったんですけど、全員と交流を持てるようなヤツになったなっていう感じはしますけどね。

――広がりを持ったと。

根建　広がったなって。だから芸人になってちょっとまともになったというか、高校のときの文田のほうがアブなかったと思います。ボクがいまアブないかもしれないですけど。

――「ボクがいまアブないかもしれない」（笑）。

根建　学生の頃は文田のほうがアウトローなところにいましたね。

文田　なんか芸人ってめちゃくちゃ悪口文化っていうか、「アイツ、こないだ楽屋で」とかそういう雰囲気があるから、そこで徐々に暗くなっていったっていう。だからたまに家族みんなで会うと「兄貴はめちゃくちゃ暗くなったよな」って言われたりして。

――それは芸人文化の腐したりとか突いたりするような感覚に、あまり合わなかったってことですか？

文田　合わなかったっていうよりも、おもしろいということを勘違いしていたというか。一般社会で「この人っておもしろいな」っていう人って、だいたいおもしろい人じゃなくて明るい人なんですよ。

――たしかにそうですね。

文田　べつにおもしろいとかじゃなくて、発言して笑ってっていう人なんですよね。ボクもそういう人だったんですけど、芸人の中に入ると明るいとかはどうでもよくて、余計な打席が減るというか、たまにしゃべって自分の番でおもしろいことを言う仕事だなって。

――囲碁将棋が若手の頃って、松本人志さんの影響で切れ味鋭い一言ばっか言うみたいな時代ですよね。

文田　そうです。

根建　みんなそういうのにあこがれていたので、それがカッコいいというか。

文田　ちょっとスカしてとか。そこがヘビーに残っている時期からはちょっと外れてるとは思うんですけど、まだ色濃く残っていましたね。

――学生のときはどんなお笑いを観ていたんですか？

文田　お笑いマニアの人が観るという感じではなく、全然ポップな、ダウンタウンさんのガキ使とか、ごっつとか、テレビのメインの番組ですね。そこから劇場に誰かを観に行くとかもなかったですし、ネタ番組をやっていたら観る程度で、ＤＶＤを買い集めるとか、台本を書いてみたりとか、そんなことでもないです。

「なんとなく決めていた目標ラインにはギリギリ到達するんで、それで辞めないままここまで来たって感じです（笑）」（文田）

――普通にテレビでやっているお笑いを観て、「ああ、おもしろいな」と思って入ってみたら、意外と暗い影のある世界だったと（笑）。

文田　思っていたのと違っていたなと。

根建　ボクにいたっては、お笑いを目指してもいなかったですし、テレビも見逃す週があるくらいで（笑）。ボクはスポーツが大好きだったんで、ごっつええ感じって日曜の20時からでしたけど、ほかのチャンネルで野球をやってたらそっちを観てたんで。だから東京ドームで巨人戦があれば日テレで、とりあえず野球ばっかですね。

――なのに「芸人になろう」となったのは文田さんから誘われたんですか？

根建　そうですね。文田とは高校の頃からずっと仲がよかったんで、同じ東海大学に行って2年のときに文化祭でのお笑いコンテストにふたりで出たんですよ。そのときに「ああ、なるほど。人を笑わすっていう仕事もあるのか」と。それで単純に試してみたくなったというか、普段ふたりでしゃべっていることをしっかりした人たちの中に入ってやったらどうなるんだろうと思って。そこで「売れたい」っていうよりも「ほかの人たちってどういう人なんだろう？」っていう感覚ですね。そこが想像すらできなくて。

――それでお笑いに入っても、スッと通用する感じではないですよね？

文田　そうですね。とりあえず大学4年生の頃によしもとやナベプロとか大手ではない、インディーズの団体に出てみて、いろんなオーディションとかも受けていたんですけど、だいたい人前に出たこともないんで受かるわけがなくて。それでインディーズの団体で半年ぐらいやってみて、「ここにいても一生どうにもならないな」ってすぐに思ったんですよ。それからNSCにお金を払って行ってみて、「ここで選抜くらいに入らなかったら辞めよう」と思っていたら、学校に入ったらなんとなく決めていた目標ラインにはギリギリ到達するんで、それで辞めないままここまで来たって感じですね（笑）。だから、なんとなくダメでもないようなラインにずっといる感じなんですよ。

――辞めようと思うほどウケなくはない。

文田　首席じゃないけど5番以内で卒業したよねみたいな。

――ひとつの指標として、M－1に出られる年、出られない年みたいなのがあって、ラストイヤー（2019年）は準決勝で終わったんですよね。そのときに何かくるものはあるんですか？

文田　やっぱありますね。準決勝に初めて上がったのも、同期の中ではめちゃくちゃ早かったですし（2008年）、そこからずっと準決勝とかに出ていて、そのままで終わっていたらちょっと考えるものもあったんですけど、途中で『THE

MANZAI』に4年出て、全部20位以内で決勝にも2回出たんで、そこにちょうどピークが来ちゃって。それがなかったらいろいろと考えていたんでしょうけど、なんとなく「15年以内に全国的な賞レースのファイナリストにはなっておきたい」とか、「賞は獲ってないけど、なんとなく続けててもいいよね」ぐらいのところはクリアするというか。

――おもしろいと言ってくれる人が確実にいて、手応えを感じる瞬間が定期的に来るわけですね。

文田 だから爆発的に行くタイミングがずっとないまま来ていて。

――同期だったり後輩たちが売れてきたなと感じる瞬間もあると思うんですけど。

根建 それはもういっぱいありますよ。

――そこで焦りとかは感じました?

文田 昔は「アイツ、すげえな」って焦りがありましたけど、10年を超えたあたりから自分のことのようにうれしくなるというか。「アイツ、やったな!」みたいな。

――そうなるんですか?

文田 まあ、10年間苦労を見たんで。それでいまは虚無というか、10年以内でバーッと出たヤツが失速してきて、年収とかで言えば自分たちと似たようなところに落ち着いてたりするんで、たしかに浮き沈みがあるよなっていうのがあって、それでチャンスは持ち回りだと思っているんで。アイツが売れたら次はコイツが売れるし、いつか自分にも回ってくるからそのチャンスに備えようと思っているだけですね。だからマヂカルラブリーともずっとイベントをやっていたんですけど、マヂラブが優勝したときは下手したら自分たちが優勝したよりもうれしいんじゃないかってぐらいにうれしかったですね。

――そこは戦友としての仲間意識が強くなってくるってことなんですかね。

文田 もちろんボクらは優勝はしていないし、決勝にも出ていないですけど、なんか優勝を1回したぐらいの気持ちになりましたね(笑)。

――根建さんはほかの芸人にヤキモチを焼いたりするんですか?

根建 ボクは学生ノリだったんで、同期のゆったり感が『キャンパスナイトフジ』っていう深夜番組にだいぶ若い頃からレギュラーが決まったときも毎週観ていて、なんならゆったり感が出てるところを写メに撮って送ってあげたりとかしていて。嫉妬とかじゃなくて学生でしたね。

――「知ってるヤツがテレビに出てる!」と(笑)。

根建 「すげーな! 出てる! 出てる! 生放送に出てんじゃん!」みたいな感じでやってたんで、テレビに出る人たちに対して嫉妬とかはなかったですね。そろそろ自分たちもこういうのに出なきゃいけなくなったんじゃないかって思い

REBEL

始めたときに、自分たちはM－1でやるしかないと思っていましたし。だから嫉妬とかは全然ないですね。

「最初に尾形さんのスイッチの入れ方を見たときに衝撃を受けたんですよ。『この人、ここまでやるのか⁉』って」（根建）

根建　たぶんですけど、歳を取ってくると自分たちのできることとかも知ってくるじゃないですか。これができないとか。

——これができないっていうのはなんですか？

根建　極端に言えば、ダウンタウンさんにはなれないじゃないですか。そういうのを知ると、べつに嫉妬もなくなってくるというか。

——自分たちがやれることをやっていこうと。

根建　べつに天下は獲れないじゃんっていう。でも冷静に考えたら天下を獲れない人ばっかじゃないですか？　べつに野球でもライトを守ることも大事と言えば大事じゃないですか。

——そりゃライトもめちゃ大事ですよ（笑）。

根建　だからエースにはなれなくても、っていう感じですかね。

——あと収入もあると思うんですよね。ちゃんとご飯が食べられていたらヤキモチも薄くなるというか。

文田　ああ、そうですね。

——ご飯が食べられていないときは凄く焦る気がするんですよ。やっぱり『THE MANZAI』で認定漫才師に選ばれたり、M－1である程度の結果とかが出ていると、出番って増えるものなんですか？

文田　そうですね。でも冷たい部分もあって、凄く舞台に出ていたのに急に出なくなるってこともあるんで。

——それは何かきっかけがあるんですか？

根建　それがちょっと本当にわからないんですよ。

文田　ボクらも気づいたら1、2年くらいルミネに出ていないなとか全然あったんで。なぜかはわからないですね、そこは。

根建　人間同士なので、社員さんの癇にさわったとかなのかな。

文田　だから3年くらい前から「自分のブランディングは自分でしよう」と思って、いろいろやってきて。何千人を集められる芸人じゃないから、100人にちゃんと支持される芸人になろうと思って。

——しっかりと濃いファンを作ろうと。

文田　それをやっていくうちに「職業＝漫才師」で固まって、それまではテレビまでが全部同じ仕事というか、舞台に出てハネてたらテレビまで行くっていう考えだったんですけど、そこは別物というか、テレビは明るいプロ野球選手が出ているのと一緒なわけで、べつにつながっているものでもないんだなって。だから逆にいまはドッキリだとかでめちゃくちゃフィーチャーされるけど、それはそれでいいんだろうなと。テレビでもネタ的なことしかやりたくないとかはないですし、本当に別物というか。

——根建さん自身は自分の扱いがドッキリが多かったりすることに関してはどうなんですか？

根建　最初に出させていただいたのが『水曜日のダウンタウン』で尾形軍団っていうので、いまでも尾形軍団で呼ぶとしたらボクを選んでいただいている感じなので、心の中では「尾形さんに迷惑をかけないように」っていうことしか考えていないというか。最初に尾形さんのスイッチの入れ方を見たときに衝撃を受けたんですよ。

——「これがプロなのか!?」と。

根建　本当にそう思ってビックリしちゃったんですよ。「ここまでやるのか!?」って。

——普段見ている軍団長の姿とは違う、テレビの尾形さんがいたわけですね。

根建　だから自分では100でやっているつもりでも、毎日やってるとちょっとぐらいはあるじゃないですか。

——こなす瞬間が。

根建　こなす瞬間が。それが尾形さんを見て「この人って毎回これをやってるのか!?」っていうところにちょっと衝撃を受けて、尾形さんがやってるんだったら自分もこれをやらないとダメだと思って、いままでずっと過ごしてますね。

——常にプロの仕事をしなければいけないと。

根建　本当にプロの仕事っていうのをそこで見て、本当に衝撃を受けたんですよ。

文田　でも尾形さんって話してると、いつも手応えがなさそうなんですよ。だってドッキリだからそうじゃないですか。オンエアを観て初めて「あっ、これはハネてるんだ」ってわかるというか。そんな尾形さんの手応えがなさそうな姿をずっと見ていて、そうしたらコイツも常に手応えがなさそうになってるのがめちゃくちゃおもしろくて（笑）。やっぱどうなってるかわからないまままだずっと電話を5時間保留で待っていて、「どうだったの？」って聞いても「いや、わかんない」って。

根建　尾形さんを見ていると、1回も満足されていないというか（笑）。

——現場でリアクションを見ていないですもんね。

根建　そうなんですよ。後日放送されるまでわからないじゃないですか。なので、尾形さんに「すみません、尾形さん」って言うと、「いや、おまえ、あれで全然いいんだよ」って言ってくれるんですけど……。

——そう言ってる尾形さんもよくわかっていないと（笑）。

文田　「あれ、おもしろかったっスよね」って言っても、「ちょっともうわかんねんだよ、俺」って（笑）。結局それが

いいんでしょうね。わかっていないけど一生懸命っていうのが。だから尾形さんと仕事をさせてもらったら、ギブアップをしたらいけないというか、そういう気持ちしかないですね。

「格闘技は観るよりもやるほうが好きで。大学もフルコンタクト空手部でしたし、ずっとキックボクシングのジムに行ったりしてた」（文田）

——ボクは尾形さんから1000万を手渡されて、それを根建さんが突き返すやつが大好きなんですけど、あのときの数々の正論が台詞ではなく流暢に出てくる根建さんが凄いなと思ったんですよね。ああいうのは常に持っているマインドなんですか？

根建　あれはたぶんボクがまともな人間で、破綻している人ではなく普通の常識人なので単純にそう思っているというか。ボクは不良をしたことがなく、万引きもしたことがなく、タバコも吸ったことがなく、みたいなヤツなんで。

——突然、尾形さんから1000万を手渡されるという常軌を逸したところに対しても「それは違うでしょ」ってスッと出てくるわけですね。

根建　だと思いますね。

文田　まず、尾形さんが1000万くれるわけないもんな。

根建　あのときは怖かったです（笑）。

——それで、あのときにも語ったシビック愛はどこから来てるんですか？

根建　単純にボクが東海大学工学部の動力機械学科っていうクルマに特化した学科に4年間いたんですよ。高校まではクルマにいっさい興味がなかったんですけど、大学に入ったらクルマ好きのヤツしかまわりにいなくて、『グランツーリスモ』の発売日はその話題ばっかみたいな学部だったんで。ああいう走り屋って言うんですか、『頭文字D』をみんな読んだりとかでいろんなクルマを好きになっていくうちにシビックのタイプRっていう、タイプRはホンダのマークが赤いんですけど、それがもうめっちゃカッコいいと思ってて。そういう単純にあこがれですね。

——それで「いつかはシビック」っていう。

根建　乗ってみたいですね。

——ああいう走り屋的なやつが好きなのは、エンジンの性能としていいからってことなんですか？

根建　そうですね。単純な男なので「クルマ＝速い」を求めてるっていう。べつに大きいクルマには興味がないんですよ。

——高級車とか。

根建　ランクルとかベンツのゲレンデとかよりも、速いっていうのに特化したいですね。本当のことを言うと、ゲレンデってべつにその人の乗りたいクルマという可能性はちょっと薄いじゃないですか。あれってベンツの中ではめちゃくちゃ悪路を行くクルマなんで。ランクルとかもそうで、CMとかでも岩場を走ったりとか、ああいうのってめったになくないですか？

――岩場に行きたいって思う人はなかなかいないですよね。

根建　だからボクはクルマの本当の性能を自分が活かしてあげたいというか、買ったら飛ばしてあげたいです。

――シビックで。

根建　移動で使うだけだったら極端な話、カローラでもいいわけじゃないですか。カローラでもいいんですけど、ボクはサーキットとかでシビックで飛ばしたいんで。200キロ出してみたいですね。

――じゃあ、吉村崇さんがマクラーレンを4300万で買ったとかっていうのはどうなんですか？

文田　だからああいうのが嫌なんだろ？（笑）。

根建　吉村さんがもしあれで飛ばしてたらオッケーです。

――吉村さんは絶対になんのポテンシャルも引き出してないですよ（笑）。

根建　じゃあ、買う必要がないです。

文田　吉村さんはたぶん車種でも選んでないですよ。金額で選んでる感じなんで。

根建　そうですね。まあでも、吉村さんはもう芸能界のバブルの象徴ですから、吉村さん的にはたぶん「俺はこのクルマに乗ってなきゃいけない。これぐらいのクルマに乗ってるっていうのを後輩に見せたい」ってのがあるじゃないですか。なのであれはあれでカッコいいと思いますけど、たぶんマクラーレンがどういうクルマとかはわかっていない可能性はありますよね。そこはクルマ好きからすると、もうちょっと大事に乗ってほしいなっていうのがありますね。

――そういえば、おふたりとも格闘技がお好きなんですか？

文田　格闘技はわりと好きですけど、ボクは観るよりもやるほうが好きで。大学もフルコンタクト空手部でしたし、ずっとキックボクシングのジムに行ったりとか。

――東海大学と言えば、大学キックボクシングで有名ですよね。

文田　有名ですし、強いですよ。当時2000年くらいだったんでK－1ブームとかでフルコンタクト系のサークルがいっぱいあって、正道会館の東海大学支部もあったりして。

――あっ、そうだったんですね。

文田　ボクは趣味程度にやっていたんですけど、ボクシングの東洋太平洋ミドル級チャンピオンになった西田光さんという方と仲良くさせてもらっていて、ちょうどM－1が終わったときにベルトをくれたんですよ。「決勝まで行けなかったですけど、ボクの中では囲碁将棋さんがチャンピオンです」って、あのいかついベルトをくれて、それをいつか返したいと思っていたんですけど、ただ返すのもと思って「試合をしましょう」と。

――ベルトをかけて（笑）。

文田　それで1ラウンド3分の試合をやって3ラウンド目でKOされたんですけど、こんな人が街に0・何パーセントいるのかと思ったらめちゃくちゃ怖すぎて、いまはもう全部辞めちゃいましたね。

根建　ボクも仕事で空手をやっている方と知り合って、文田も空手をやってたっていうので一緒に空手道場に入ったんですけど、めちゃくちゃ弱いです。ただ、単純に格闘技とギターとバイク、この3つをやってたら男だと思ってるんで（笑）。この3つって、どうあがいても自分で何か行動を起こさないとできないものじゃないですか？　オシャレとか髪型をどうするとかだったらすぐにできますけど、格闘技、バイク、ギターは一歩踏み出さないとできない。だからこの3つを制覇しておきたいなと思いつつ、全部が中途半端で終わっていますけど。

「舞台だとギリギリオッケー、テレビだと全然アウトみたいなのがまだわかっていないですね。舞台は客が笑えばいいんですけど」（根建）

――じゃあ、囲碁将棋はコンビとしてここからどうしていこうっていう目標がありますか？

文田　やっぱり「職業・漫才師」っていうことを意識していきたいです。

――プロモーションのためにテレビでの露出はあるかもしれないけど、自分の本質は舞台での漫才だと。

文田　そういう考えになりました。昔は「テレビに出たい、有名になりたい」って思って当然入ってるんですけど、そのへんは職業にしてから意識が変わりましたね。

――年齢とともに感覚が古くなってきたなって感じることはあります？

文田　めちゃくちゃありますね。最近よく言う〝アップデート〟みたいなことだと、こないだもスパイクっていう後輩がいて「松浦だったらそういうのを言っても大丈夫だよね」っていうノリで言ったら、スパイクのふたりが「はい、アウトー！」「はい、ルッキズム！」みたいな。ちょうど自分らはその狭間の世代じゃないですか。もうちょっと上の人たちはずっとそうではない文化で生きてきているから、「そういうのは若いヤツだけでやってくれ」みたいな感じですけど。

――現役で舞台に立っていて、42歳だけど見る人が見れば若手だしっていう。

根建　若手なんですよね（笑）。

文田　遠慮せずにしゃべれって言われたら、「いやー、女ってこうでさあ」「マジで女ってそうだよな」って普通に言っちゃうことあるかもしれないんですけど、「そこがわかっていないんだ」って思われることがあるから、どう見られるかっていうところだけは気をつけていますね。だから根本はアップデートされていないかもしれないんですけど、いちおうエフェクターで（笑）。

――そこは根建さんは苦手そうですね？

根建　めちゃくちゃ苦手ですね。『アメトーーク！』に出させていただいたときも、「えっ、こいつ収録なのにそんなこと言ってんの？」みたいなマズイことを3発くらいかましちゃって。舞台だとギリギリオッケー、テレビだと全然アウトみたいなのがまだわかっていないですね。

――舞台は「客が引かなかったらいいよ」ってことですよね。

根建　そうです。「客が笑えばいい」ってなるんですけど。

文田　逆に〝まだそこをアップデートしていないんだ〟笑いみたいなのもちょっと生まれてきていて、「女はさあ……」っていう出だしで、「あっ、この時代に？」っていう笑いがあったりとかもして。でも笑いの人間ってそういうものですよね。言えないことを言うというか。

――いい線を突いていかなきゃいけないですね。

文田　ボクらはテレビと舞台は別物としていたんで。昔ってみんな舞台でテレビの練習をしていたんですよ。「それ、テレビでやれるの？」みたいな。でも「いや、べつに舞台は練習の場じゃないから」っていうところに特化していって、いま大宮ラクーンでやっている大宮セブンとかもべつにテレビの練習をしているわけじゃなくて「ここは舞台だから」っていうのがあるから、わりとコンプラとかそういうのが薄いところでやってきたことで、いまはその歪みがめっちゃありますね。

――「舞台はテレビの練習の場じゃないぞ」っていう気持ちがあるわけですね。

文田　だってテレビって無料で観られるものじゃないですか。舞台はお客さんがお金を払ってまで現場に観に来ているのに、無料で観られるものの練習をしておるヤツなんかを観てもなんの満足もないですよね。

根建　たしかに。

文田　テレビで言いそうなこととか、やたら丁寧にエピソードトークをするとか、一見さんが観ているようなテイでやられても、「いやいや、もっとおまえらのことを知ってるよ」みたいなところで言ってほしいじゃないですか。自分がお客さんだったらそう思うんで。だから練習の場にはしないですし、むしろテレビではやらないことをするようにしていますね。

囲碁将棋
高校・大学の同級生だった文田大介と根建太一によるお笑いコンビ。東海大学付属相模高等学校在学中にふたりとも囲碁将棋部に在籍していたことがコンビ名の由来。2004年結成。大宮ラクーンよしもと劇場でのライブを中心に活動中。吉本興業所属。

文田大介（ふみた・だいすけ）
1980年6月20日生まれ、神奈川県茅ヶ崎市出身。囲碁将棋のおもにボケ・ネタ作り担当（写真・左）。趣味は水を飲むこと・利き水・格闘技・将棋・インラインスケートなど。NSC東京校9期生。
根建太一（ねだて・たいち）
1981年3月23日生まれ、神奈川県横浜市出身。囲碁将棋のおもにツッコミ担当（写真・右）。趣味は野球観戦（巨人戦）とクルマとロードバイク。特技はクルマモノマネなど。NSC東京校9期生。

大井洋一（おおい・よういち）
1977年8月4日生まれ、
東京都世田谷区出身。放送作家。
『はねるのトびら』『SMAP×SMAP』『リンカーン』『クイズ☆タレント名鑑』『やりすぎコージー』『笑っていいとも!』『水曜日のダウンタウン』などの構成に参加。作家を志望する前にプロキックボクサーとして活動していた経験を活かし、2012年5月13日、前田日明が主宰するアマチュア格闘技大会『THE OUTSIDER 第21戦』でMMAデビュー。2018年9月2日、『THE OUTSIDER第52戦』ではTHE OUTSIDER55-60kg級王者となる。

TARZAN by TARZAN

ターザン バイ ターザン

はたして定義王・ターザン山本！は、ターザン山本！を定義することができるのか？「谷川がやった12月28日の巌流島はまったくどこにも届かなかった、響かなかった、豪快に空回りをして大失敗だったわけですよ。なんとアントニオ猪木の追悼興行で大失敗したということで、逆に俺はあの大会を高く評価しているわけですよぉ」

絵　五木田智央　聞き手　井上崇宏

第四十一章

年末年始の勝者

「予定調和を破壊する、崩す、そして舌を出すっていうのが猪木じゃないですか。それを谷川だけが継承したわけですよ」

山本 きのう（1月10日）、Show大谷から俺のところに電話が来たんよ。何かと思ったら「山本さん、えらいことですよ！ 知ってますか？」って言うわけ。「なんだよ、変なことでもあったんか？」って聞いたら「長州力さんが『KAMINOGE』で谷川（貞治）さんのことをボロカスに言ってるんですよ！」って言うから、「いや、俺はそれ読んだよ」って。

――それがどうしたと（笑）。

山本 「それがどうしたんだよ。おまえ、べつにそんな驚く必要ないだろ」と。長州さんはもう怒ったりすることがない人間にシフトチェンジしているじゃないですか。要するに完全に世の中にすり寄って、いい子ぶってるわけでしょ。あのキレまくってた長州力は卒業して、おさらばしたわけでしょ。

――嫌な言い方をしますね（笑）。

山本 そんな世間にすり寄った人間が、いまさら谷川のことをボロカスに言ったところでなんの意味もないわけですよ！ だってさ、谷川がやった12月28日の巌流島はまったくどこにも届かなかった、響かなかったんだよね。豪快に空回りをして大失敗なわけですよ。なんとアントニオ猪木の追悼興行で大失敗したということで、俺はあの大会を凄く評価しているわけですよ。あれだけコケたっていうことに。

――大いにコケたなと（笑）。

山本 よくぞここまでコケたなと（笑）。谷川はお見事としか言いようがないよ。

――なかなかやろうと思ってもできることじゃないと（笑）。

山本 だいたい、そのあとに大晦日は井岡一翔のボクシングとRIZINがあったり、元日にノアの武道館ではグレート・ムタと中邑がやったり、それぞれがみんな拍手喝采、絶賛されているわけじゃないですか。まあ、言ってしまえば、ちょちょいのちょいで予定調和な成功をしているわけですよ。

――嫌な言い方をしますね（笑）。

山本 そんな中で唯一ズッコケた巌流島、いや、サダハルンバ・ボンバイエ。

――谷川貞治追悼興行になってるじゃないですか。

山本 あそこまで世の中から無視されたっていうのはさ、「これこそが猪木イズムの最たるものだ！」と俺は拍手喝采しているわけですよ。予定調和を破壊する、崩す、そして舌を出すっていうのが猪木じゃないですか。それを唯一、谷川だけが継承したわけですよ。もうお見事なほどにすってんころりとさ、つまづいたというか、転落したというか、罠にハマったというかさ。俺はそのことがもの凄く気に入っていて、谷川に対しては絶賛なんだよね。

——むしろ嫉妬すら？（笑）。

山本 非常に嫉妬を感じましたよ！

——「俺はここまではコケられない……」と（笑）。

山本 よくよく考えたら、28日って年末だから両国国技館の使用料が通常の1・5倍もするわけですよ。しかもあんなに外国人選手を呼んでたでしょ。アメリカやブラジルとかから。合計したらとんでもないギャラの額だと思うんよ。普通に収支計算したら絶対にやらないし、できないし、「これは大赤字になるな」とビビッちゃって、俺ならすぐに逃げ出しますよ。それを全部やり切ったあの谷川っていうのはとんでもない男ですよ！

——大晦日にＲＩＺＩＮの会場で谷川さんに会いましたけど、「おもしろかったでしょ？」って手応え十分な感じでしたよ。

山本 く、悔しい……！　だからあの男は自画自賛してるんだよね。そこも含めて猪木だな。

「武藤のことはけっして好みじゃないし、タイプでもないし、むしろ逆だし、真似したくないし、認めたくないし」

——だから数多の人とはまったく違うゴールを設定している感じですよね。

山本 ということはだよ、ほかのプロレスとか格闘技団体には猪木イズムはもうないということだよね。コケることをあえてやるっていう人はもういないし、ヤバいことはしたくないというか、できないわけだから。そんなのは時代とファンとマスコミにすり寄ってやるわけですよ。あんなムタと真輔の試合なんて、俺はもうしらけたよ！　試合が終わったあとにふたりで肩を組んでさ、あそこは離れてバラバラに引き揚げるからいいわけですよ。それをみんなして、「もう２０２３年の年間最高試合が決まった！」って書いているわけよ。頭おかしいんじゃないのか？　精神がいかれてますよ。俺からしたら腐ってますよ、錆びついてますよ！

——山本さん、ムタvs中邑はおもしろかったですよ（笑）。

山本 あのね、それは井上くんの中で最初からあの試合への期待感がないからですよ。なんの期待もしていないという前提で観ると、「あっ、おもしろかったな」と思うわけですよ。あるいはひさしぶりに中邑真輔を観たことでよしとしよう、という落としどころを決めているわけですよ。

——巌流島以外はメッタ斬りですね（笑）。

山本 圧倒的な期待感というか、刺激的でスキャンダラスな期待感というものを横に置いておいて観るとだいたい納得ができるわけですよ。もともと武藤なんかは、そこそこの、平均点よりもちょっと上のレベルで流していくというのが彼の哲学じゃないですか。絶対に橋本真也みたいに過剰なことをバーンとやろうとはしないわけですよ。そういういい塩梅のラインを生きてきた男だから、ハードルが下がるわけでもないし、上がるわけでもないと。だからこそ武藤はここまで生き延びたわけ。絶対に自滅はしない。かといってダラダラとやってるわけじゃない。そのあたりの調合が武藤は非常にうまいわけですよ!

――すなわち天才ですよ。

山本 そのへんの勘所が凄いんだよなあ。だから三銃士と四天王の中で最後まで生き残った男であり、最後に引退ツアーまでやったというさ。どれだけアイツはカネ儲けがうまいんだよ。つまり武藤の頭の中にはマネーというものがもの凄くあって、ほかの人たちはマネーよりも先にプロレスを考えるから、そこでうまくレスラー人生をまっとうできないと。だがそのまっとうできないことが素晴らしいということに落ち着いてしまうわけ。なんていうかさ、その泥沼にハマるんだよな! でも武藤はその泥沼にはハマらないわけですよ。それどころか、すでに長州とのセットで世の中でウケているわけじゃないですか。あれなんかも普通はありえないことでしょ。だから武藤は大成功者だよね。

――ちゃんとプロレスのレジェンドとしても崇められ。

山本 いちばんは福岡ドームでやった猪木とムタの試合ですよ。あんなにいやらしいさ、猪木をバカにしたようなさ、適当にやってすぐに帰ってしまってさ、猪木を置き去りにするっていうさ。

――えげつなさだと東京ドームでやったムタvs新崎人生戦ですよね。あの潰し方は新日本っぽかったですね。

山本 常に人を見てるんだよね。ただ、俺の中では武藤敬司の評価っていうのはもう最高レベルなんですよ。

――どっち。

山本 いや、俺にとっては好きなタイプのレスラーではないけども、長く生き残ったという部分では最高レベルの評価ですよ!

――好きなタイプではないけども(笑)。

山本 けっして好みじゃないし、タイプでもないし、むしろ逆だけども(笑)。俺は真似したくないし、認めたくないし、むしろ拒否したいけれども(笑)。

――されど、あっぱれと(笑)。

山本 まず身体が圧倒的にデカいでしょ。体力もあって、胸も分厚い。そういう意味では、いまのなんちゃってレスラーたちよりも遥かに上なわけじゃないですか。

――あの存在感は凄いですよね。

山本 オーラが凄いよな。オーラだけで勝つじゃない。だからいくらノアの若いヤツらが向かって行っても、見た目だけでもう負けてるでしょ。

「今年に入って、まだ誰も俺をキャピトル東急ホテルのオリガミに誘ってないんよ。そこが穴なんですよ！」

——圧倒的に格が違うと。

山本　武藤にはプロレスというジャンルをなんとかしようということに関心がまったくないわけですよ。どうでもいいわけですよ。自分さえよければいいんですよ。なので、この年末年始のハイライトは谷川と武藤ですよ！　あのふたりがプロレス・格闘技界でひときわ光りましたよ（笑）。片一方は大コケて、片一方は大成功したと。しかも武藤の素晴らしいところはちゃんとノアを儲けさせてるわけですよ。日本武道館を超満員にするとか、いまのノアだったらありえないんだから。逆に言うと、あの中邑真輔をWWEから引っ張るためには相当なカネがかかるわけでしょ。それはバックにサイバーエージェントがいるから払えるわけですよ。そのへんのからくりというかさ、読みというのがさ、アイツは天才なんだよ。レスラーとして天才ではないんですよ。世渡りの天才なんですよ。それでちゃんと相手にも儲けさせるという、貸し借りの関係をうまく残していくわけじゃないですか。

——という意味では、生き方は好きではないけども……？（笑）。

山本　大嫌いだけど、誰も真似することはできない。しかも武藤の場合は、武藤敬司とグレート・ムタの二本立てじゃないですか。ここがまたうまいよね。武藤敬司だけだったら意味がないわけですよ。

——だから1月22日の横浜アリーナでグレート・ムタ引退、1月21日の東京ドームで武藤敬司引退っていう。

山本　ハッキリ言ってボウズ丸儲けですよ！　頭が下がるね。これができるのは彼だけですよ。

——あとやっぱり「お米、お米」って口癖のように言う人には、まわりもお米を渡したくなる心理が生まれますもんね。

山本　それはある！

——さっき、山本さんにお年玉を渡したときの喜びようを見たら、みんなが山本さんにお年玉をあげたくなりますよ（笑）。

山本　それがタカリ道ですよぉ！　誰かに飯をおごってもらってさ、「うまい、うまい」って言ってると、ほかのみんなも俺に飯をおごりたくなるんだよ。それどころか、おごるヤツらで競争をし始めるんですよ。

——タニマチたちがターザン山本の取り合いになるわけですね。

山本　「俺は山本さんのために4500円のうな重をごちそうする」とか「しゃぶしゃぶだ」「ステーキだ」とかって張り合うわけですよ。みんな、おごりの足跡を残したいんよ。

——おごりの足跡（笑）。

山本　記憶化させたいんですよ。でも今年はお年玉とおごり以外にまだ誰もやっていないことがあるんですよ。キャピトル東急ホテルのオリガミ！　今年に入って、まだ誰もあそこに俺を誘ってないんよ。そこが穴なんですよ！

——穴？（笑）。

山本　いったい誰がいちばん先にそれをやるかっていうね。果たして誰が俺をオリガミに誘うのかっていうさ。かつて正月はいつも1月2日に後楽園で全日本の興行があって、終わったら馬場さんご夫妻とオリガミで飯を食っていたわけですよ。俺にはその幻想があるわけですよ。でも、今年はまだ誰も俺をオリガミに誘っていないと。ここがひとつの俺にとっては大きなさ、「果たして本命は誰だ!?　はっきりさせろ！」と俺は言いたいんよ。

——なんちゅう煽り方（笑）。

山本　どうぞ待ってます！　あそこでパーコー麺を食べたいです！　アップルパンケーキを食べたんいんです！　アイスティーを飲むんです！　それらをやらないことには俺は新年が始まらないわけですよ。馬場さん夫婦に対しても失礼だもん。

——馬場夫妻に対して失礼ではないでしょ（笑）。

山本　そういう意味では、俺は武藤と一緒ですよ。自分をうまく売りながら、たかっているわけじゃないですか。いまは長州に最大限にたかってさ。

——自分の芸を売りにして。

山本　要するにお互いにギブ・アンド・テイクなんですよ。たかるってことは、ウィン・ウィンが前提だからできるんですよ。武藤も俺も。だから一方的にもらうわけじゃなくて常にウィン・ウィンなんですよ。それがあるからみなさんはおごるわけだし、カネを出すわけじゃないですか。だから誰も武藤にだまされたとは思わないわけですよ。むしろ「ありがとう！」ですよ。

——まあ、武藤さんのほうがスケールとしては山本さんの1000倍ってところですよね（笑）。

山本　俺なんかはこの立石の中だけだから。やきそばを食べてホットコーヒーを飲んでるだけだから（笑）。

「俺にアクセスするのはツイッターですよ！　DMでもなんでもいいからいつでも連絡をお待ちしています！」

——これがいわゆる最澄の「一隅を照らす」というやつですね（笑）。

山本　ただスケールは違うけど、質的には同じわけですよ。俺は俺なりにやっているわけじゃないですか。

——むしろタニマチの満足度からすれば、山本さんのほうが上かもしれない（笑）。

山本　自分の口からは言いづらかったけど、俺のほうが上ですよ！　だって90分の時間を共有できて、俺の話を聞けるわけじゃないですか。

——こっちは毎回フルタイムいきますからね（笑）。

山本　90分フルタイムですよ！

——飯を食ってから調子が上がりますからね（笑）。

山本　上がる！　食った瞬間に俺は弾けてしまうからね。

——もう格闘家みたいに、年間いくらで洋服にスポンサーロゴを入れていくっていうのはどうですか？

山本　いいねえ！（笑）。あっ、今年はね、井上くんも入れて4人の方からお年玉をいただきました！　みなさん、ありがとうございます！　これは絶対に書いといてよ！

——出た！　スポンサー対応（笑）。でも一見さんが山本さんに飯をおごりたい、お年玉を渡したいとなったら、山本さんにどうやってアクセスすればいいんですか？

山本　ツイッターですよ！　DMでもなんでもいいからいつでも連絡をお待ちしています！

——そうだ、マッチングアプリをやったらいいじゃないですか。

山本　あっ、そうだな！

——独身だし（笑）。

山本　マジでやろうかな！　俺と会うとみんなハッピーな気分になることは間違いなしだから。俺はさ、貧乏になると健康になるんですよ。要するに余計なものを食わないから。富宅リングドクターも「水こそが最高の栄養だ」と言ってるんだよね。だから俺は彼女の家で朝ごはんを食べるでしょ？

野菜中心であり玄米の朝食ですよ。それを食べたら昼は抜きにして、夜もほとんど少食にするわけですよ。そうしたら血糖値がどんどん下がってきたんよ。

——でも、そこをあまり言っちゃうとスポンサーがつかないですよ。

山本　あっ、そうだな！　あのね、ある人が言った。「山本さん、そんな規則正しい食生活をやるのはいいけど、ときどきはバカ食いしないとダメだよ」と。要するにストレスが溜まってそのぶり返しが来るからと。「だから自分たちと会うときは思いっきり食べましょう」ってね。

——そのアドバイスを受け取ったと（笑）。

山本　受け取った。だから人と会うときは思いっきり食う。

——飯は人とおしゃべりしながら食べたほうが健康的ですもんね。

山本　どうせ1週明けたらまた元に戻るからね。

——いわゆるチートデイですね。

山本　やっぱり人生、最後は食い物ですよ。食うことがすべてですよ。でも、それはひとりで食ったらつまらないわけですよ。誰かと一緒に食う、人のお金で食う、ここがポイントですよ！　料理だって自分で作ったのはおいしくないけど、人が作ってくれるとおいしいわけ。人がおごってくれるからおいしいわけですよ。いやあ、みなさんも武藤から学んでほしいね！

「武藤は新日本に対して『なんだよ、こんなにめんどくさい団体かよ』って思ったらしいんだよね」

——いまのは山本さんの考えでしょう（笑）。

山本　あのね、武藤のいままでの歴史を見てみたら、そこまでブレイクしていたわけじゃないんだよね。そこがまたおもしろいんですよ。けっして天下は獲ってないんですよ。新日本でもIWGPやG1クライマックスでチャンピオンになったのは遅いんですよ。だから時代をゲットしてないんですよ。でもゲットすると終わりが早いんだよね。

——あとは落ちるのみだと。

山本　そう。すぐにゲットしなかったからこそ、じわじわとずっとキープすることができたんよね。それはどういうことかと言うと、高いレベルで安定しているということだね。

——あのサイズとあの身体能力、そして若くしてアメリカに行ったことがよかったですね。

山本　武藤は新日本に対して「なんだよ、こんなにめんどくさい団体かよ」って思ったらしいんだよね。「えっ、ストロングスタイル？　闘魂？　そんなのどうでもいいじゃん」みたいな。あの空間の中にいて唯一そう思ったのは武藤だけですよ！

——新日本に染まらなかったと。

山本　むしろほかのみなさんはそこに染まって、おんぶして継承することによってのし上がってスターになっていくわけですよ。それが武藤は「そんなもんめんどくせえな。何がストロングスタイルだよ。何が闘魂だよ。そんなもん、どうでもいいじゃねえか」ってひとりポツンと外れていたっていう。その感覚が凄いというか。自分の持ち味、能力、才能を自覚してるからこそ言えたんだよね。「俺にはそれとは別の才能があるよ」と自覚しているわけですよ。だからストロングスタイルに依存する必要がないわけですよ。身体もデカい、身体能力も凄い、運動神経も抜群だから。

——それで思想が違うんだけど、長らくその場所にいたっていうのが素晴らしいですね。

山本　そうそう。しかも業界の誰もが彼の能力を見てるんで、たとえばSWSができたときもまず武藤を引き抜こうとしたわけじゃないですか。でも武藤は行かないと。そこがまたアイツの凄いところだよなあ（笑）。普通は何億って積まれたらバーッと行くわけじゃないですか。そこでしゃらくさいのは坂口征二に相談して引き抜きをバラすんよ。

——「なんか誘われたんですけど、どうしたらいいですか？」と（笑）。

山本　そうすると坂口が「おー、待て、待て！」ってなるわけですよぉ。

——そしてギャラが微増し（笑）。

山本　ＵＷＦができたときに藤原喜明がいちばんほしかったのは武藤なんですよ。

――えっ、本当ですか？

山本　そうですよぉ。藤原は「あの男が来てくれたらいちばんいい」って思っていたわけですよ。能力が高いのがわかってるから。でも武藤は行かないわけですよ。その判断力、読みがいつも凄いんですよ。時代の潮流としてはそっちに行ったほうがいいわけじゃないですか。

――しかも若者ですから、飛びつきそうなものですけどね。

山本　でも新日本にいたら安パイだから行かなかったわけで、髙田だけが藤原について行ったじゃないですか。髙田は時代の読みが早いから、スパーンと行ったわけよ。でもあとは誰も行かなかった！

「富士山を見ながらマスをかくなんてさ、ロマンですよ！　ファンタジーですよ！　富士山もビックリですよぉ！」

――髙田延彦はトレンド好きですからね。

山本　藤原教室で鍛えられた山田恵一も結局行かなかったでしょ。それでいて武藤のおもしろいところは、自分から飛び出して新しい団体を立ち上げるってことをしない男なのに全日本には行ったんだよね。あそこがまた凄いよね。

――あれはなぜですか？

山本　あの時点では「このまま新日本にいたとしても、俺はもうやることもない。限界に来たな」と見切ったわけですよ。そうすると外に出てやったたほうが未来形としてはいいなと判断したんですよ。あそこで自由になったことでまた武藤が生きたわけですよ。それで適当にやって、適当に全日本を捨ててるわけですよ。それもまた素晴らしいんですよ！　絶対に責任を負わないんですよ！　それで大阪ドームでやった初めての猪木祭りのときにスキンヘッドにして出てくるんですよ。

――だんだんと順不同の思い出話になってきてますよ（笑）。

山本　そのへんの自分の見せ方、そしてそれを大晦日でやるっていう。しゃらくさいというか、なんというかね。「ここが俺の変身どころだな」っていうのを読んでいるわけですよ。どれだけ目利きなんだっていうね。どれだけプロレス頭があるんだっていうね。だから彼は引退しても安泰だよね。

――引退後の人生で成功を収めているレスラーは少ないですからね。

山本　いや、俺は武藤なら長州力も超えるんじゃないかと思ってる。武藤はいくつになって顔に老いがないもん。

――みんなの記憶と同じ姿のままでいると。

山本　老いないんだよ、あの男は。それが武藤にとって大きな強みのひとつですよ。だからあの男にはストレスがないんよ。ストレスを作らないんですよ。たいていのみなさんは大いなるストレスがあるわけ。自分の将来だとか現状だとか、人間関係とかでストレスがあるのに、あの男はすべてから自由なんよ。ストレスフリーの最高傑作ですよ！

——やっぱり山梨に何かあるんですかね？　ジャンボ鶴田もノンストレスじゃないですか。やっぱり富士山を見て育ったのが大きいんですかね？

山本　それはある。

——えっ、本当にあります？

山本　絶対にある！　子どもの頃から富士山を見て育つと、小さいこととかしょうもないことにこだわらないわけですよ。だって常にドカーンと日本の象徴を見ているわけだから、心のスケールが大きくなるし、人生がパノラマになるわけですよ。甲府というのは盆地なので、夏は暑くて、冬は寒いんですよ。はっきり言って田舎ですよ。でも毎日富士山が見られるっていうのは、絶対的なシンボルを獲得したのと一緒ですよ。だって武藤なんかは、自分の家の屋根に登って、富士山を見ながらマスをかいてたっていうんだから。

——そんなことを言ってましたね。

山本　とんでもない男ですよ。武藤と同じく「マスは朝にかく派」の俺でも、アイツには負けたと思ったもん。富士山を見ながらマスをかくなんてさ、とんでもないですよ。ロマンですよ！　ファンタジーですよ！　これはもう童話ですよ！

富士山もビックリですよぉ！

——富士山もビックリ（笑）。

山本　富士山もアチャーですよぉ！（笑）。

ターザン山本！（たーざん・やまもと）
1946年4月26日生まれ、山口県岩国市出身。ライター。元『週刊プロレス』編集長。立命館大学を中退後、映写技師を経て新大阪新聞社に入社して『週刊ファイト』で記者を務める。その後、ベースボール・マガジン社に移籍。1987年に『週刊プロレス』の編集長に就任し、“活字プロレス”“密航”などの流行語を生み、週プロを公称40万部という怪物メディアへと成長させた。

［あらすじ］『仮面サンクス』が次号でなんと……!!（ゴクリ）。

ガッ
ぶらーん
とろ
とろ
とろ
ガー
たっ
たっ
たっ
はい
ありがとう
上手だね
よっ
ぴょん
がしっ
びゅーん

ガッ
ぶらーーん
はいどうぞ
ちょんちょんに挟んだらできたよ
でしょ
あははは
あー楽しかった
かわいい子だね
実はオレ
あんな子の親になりたいと思ってたんだ
えっ
もっと早く子どもが欲しかったんだけど
こんな歳になってしまった

でもさ
ちょっと
待ってよ
結婚相手
誰でも
いいんでしょ
決して
そんなこと
ではなくて
誰でもいい
から結婚して
子どもが
欲しいん
だよね
あ
いや……
誰でも
よくないよ全然
でも
だって
そうじゃん
いやー
待って
くれー
だー
うわー私
なんであんなこと
いっちゃったん
だろ
つづく

KENICHI ITO

涙枯れるまで泣くほうがEマイナー

VOL.26

年末年始の密航

伊藤健一

（いとう・けんいち）
1975年11月9日生まれ、東京都港区出身。格闘家、さらに企業家としての顔を持つため"闘うIT社長"と呼ばれている。ターザン山本！信奉者であり、UWF研究家でもある。

２０２３年で、この伊藤健一コラム『涙枯れるまで泣くほうがEマイナー』も3年目に突入!!

年末年始、『ＫＡＭＩＮＯＧＥ』特派員としての使命感に駆られていた私は多くのイベントに密航した！

まずは12月28日に両国国技館で開催された『ＩＮＯＫＩ　ＢＯＭ－ＢＡ－ＹＥ×巌流島』。ＳＮＳ上では〝アントニオ猪木追悼興行〟としておこなうことに数多くの批判が見られ、長州力も「ここにきて、いろんなのがおこぼれをもらいに出てきやがる」（『ＫＡＭＩＮＯＧＥ』１３３号）と痛烈に批判していたイベントであった。

私も猪木信者としては長州とまったくの同意見であるが、会場では40メートルに及ぶ『猪木年表』が展示されていたため昔の猪木に関する出来事を思い出せたり、会場のセキュリティも緩々だったので、柔術世界王者シャンジ・ヒベイロや藤原組長（ちなみに私は組長に「アキレス腱固めの達人の健ちゃん」と呼ばれている）と写真が撮れたし、そして多くの人に「伊藤さん、コラム読んでますよ」と声をかけられ、個人的にはかなり愉悦に浸っていた。会場で遭遇した井上編集長にそのことを報告したら、「嘘つくんじゃねえよ」とひとり勝手にカッカしていたが、単純に悔しかっただけであろう。

しかしこの巌流島というルール、サダハルンバ谷川はおもしろいと思っているのだろうが、選手の個性に頼っているだけであり、べつにルール自体がおもしろいというわけではない。結局ＭＭＡルールで闘ったほうがいいと思う。

私は試合で闘う選手たちの、戦略、テクニック、気迫が見たいのだ。だがこのルールだと、最後は戦術やテクニックも関係なく、場外押し出し合戦になってしまったり（「押し出しもテクニック」という意見もわかるが）、気迫や執念があまり見えにくいルールと世界観で、見るべき部分が非常に少ない。

伝説の企画「〝闘うターザンウォッチャー〟伊藤健一プレゼンツ★ターザン山

本ゆかりの地を巡る立石ウォークラリー」で、私が記念すべき『KAMINOGE』初登場を果たした第5号はサダハルンバが表紙（『谷川流星群』）だったので、数年前、初めて会ったときにその表紙にサインをもらったのだが、「んあ〜、〝巌流島〟とも書いてあげますよぉ〜」と言われ「あっ、それは大丈夫です!!」と即座に返答したのだが、時すでに遅し、ガッツリと〝巌流島〟と書かれてしまい、あのときはやるせない気持ちになったな……。

気を取り直して大晦日は、さいたまスーパーアリーナで開催された『RIZIN.40』を観戦した。

昨年4月の大会でRIZINを初めてVIP席で観て以来、もううしろの安い席では観戦ができなくなり、今回は『キン肉マン』の作者であるゆでたまご嶋田先生にVIP席を手配していただいた。

後半の6試合、「女子スーパーアトム級トーナメント決勝・伊澤星花vsパク・シウ」、「RIZIN vs Bellator全面対抗戦」はすべて判定で、大会後SNS上ではその判定をめぐって物議を醸していたが、たしかに接戦ではあったが、パクの打撃はあまり伊澤に当たっておらず、一方の伊澤は何度もアタックしていた。またBellatorの選手たちは常に余裕を持って闘っていた。誰よりも格闘技の知見があり、なおかつリングサイドVIP席で観ていた私からすると判定は妥当だった。

さて最後は、1月1日のプロレスリング・ノア日本武道館大会『THE NEW YEAR2023』。

試合開始前、『KAMINOGE』の表紙を飾ったこともある人気芸人・ニューヨークの嶋佐和也さんの姿を会場で発見し、ここぞとばかりに大井洋一とは友達であることをアピールして、私に同行していた大の嶋佐ファンであるプ女子・彩花嬢（24歳）とツーショットを撮らせてもらうことに成功。彩花嬢の私に対する株は上がりまくっていた。

前日のRIZINが23時までという長時間興行だったので、かなり疲れは残っていたのだが、メインイベントのグレート・ムタvs中邑真輔はひさびさにプロレスで興奮し、疲れが吹っ飛ぶほどの〝奇跡の一戦〟であった。

大会後、興奮冷めやらぬままにジャイアント馬場が愛したキャピタル東急ホテル『オリガミ』に行くと、武道館に当日サプライズ登場を果たした馳浩と遭遇する。大満足のプロレス初詣であり、私はどうやら今年もプロレスから卒業することは難しそうだ。

読者の皆様、今年も『KAMINOGE』、そして伊藤健一コラムをよろしくお願いします。

マッスル坂井と真夜中のテレフォンで。

1/14

MUSCLE SAKAI DEEPNIGHT TELEPHONE

「じつはプロレスラーたちによるLINEグループがあって、そこには私とHARASHIMA先輩、ヤス・ウラノ先輩、石川修司さんが入ってるんですけど、そこでは基本的には各々がトレーニングをしたらその画像を送って、それをみんなで見て『えらい！』ってお互いに言い合ったりしています」

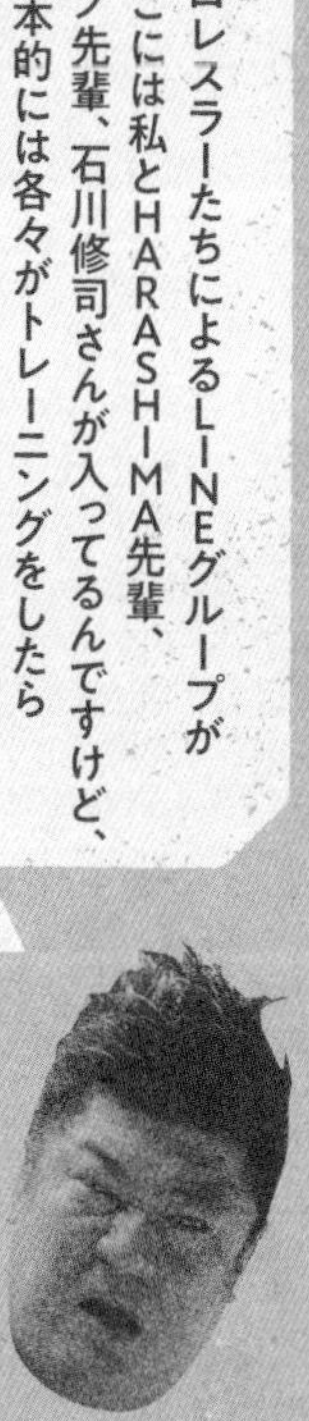

「昔は大学の学食なんかでもタバコは吸えましたもんね。ミートソースの空き缶みたいなのが灰皿で」

――もう30年前の作品になるんですけど、フジテレビで『愛という名のもとに』というドラマがあって。坂井さんは観たことないよね？

坂井　いや、それってボート部のやつ？

――そうそう。あっ、知ってるな。大学のボート部の仲間の卒業後のお話。いま、あれを観てるんですよ。

坂井　俺もギリ観てましたよ。江口洋介とか唐沢寿明が出てたやつね。

――そうです。あれは私が大学生のときにやっていたドラマだったんだけど、普段はドラマを観る習慣がなかったから、夕方にやっていた再放送でたまたま観たんですよね。それで「あっ、なかなかおもしろいな」と。大学時代はそんなに友達もいなかったから「いいな、仲間って」みたいな（笑）。

坂井　大学のときなら、そっから部活にでも入ったらよかったじゃないですか（笑）。

――それでまたふと『愛という名のもとに』が観たくなって、こないだフジテレビのFODに入りまして。それで観たらですよ、30年前の作品だからもう友達の家でタバコをバカバカ吸うんですよ。しかも家主の友達は非喫煙者なのにだよ？

坂井　あのね、ちょうどこの正月に『さんま・玉緒のお年玉！あんたの夢をかなえたろかSP』をやっていてね、とある夫婦の

構成：井上崇宏

ご主人が木村拓哉さんの大ファンで、どうしても木村拓哉さんに一度会いたいと。もう『ビューティフルライフ』が好きすぎて、あのドラマに出てくる青山の美容室『ホットリップ』と同じ名前の店を青森に作ったくらいなんですよっていう、そういう夫婦が出ていたんですよ。その夢に木村拓哉さん本人が全面協力して、TBSのスタジオに『ホットリップ』のセットを作ってね、当時の共演者だった西川貴教さんや池内博之さんや原千晶さんたちとか、当時のスタッフとか監督も全員集合して、その夫婦を青森から呼んでドラマを作るっていうのをやっていましたよ。

――そんな夢まで叶えてくれるんだ！（笑）。

坂井　そこで当時の木村拓哉さんと常盤貴子さんのシーンとかがいっぱい流れるじゃないですか。たしかにキムタクもずっとタバコを吸ってましたね（笑）。

――だよね？　『愛という名のもとに』も、人の家だろうがカフェだろうが、道端だろうが、タバコをバカバカ吸ってるのよ。

坂井　わかる。だからリハーサルとかも入れたら、みんなでどれだけのタバコを吸ってるんだって思いますよね（笑）。

――極めつけは病院の待合室。仲間が自殺を図って駆けつけたところでまたバカバカ吸ってて（笑）。

坂井　意外と物騒なドラマなんですね。

――そうそう。それを観て、そういえば30年前とかは目の前で誰がタバコを吸おうが、みんな気にしてなかったよなーって。

坂井　そうなんですよ。副流煙なんて言葉もなかったですしね。

――それとね、仲間の女のコのことを「おまえ」って呼ぶんだよね。あるいは「女はよ……」とか。もうそれってダメでしょ？

坂井　いまはダメだよ。

――だからもういちいち衝撃を受けたというか。ついこないだやってたドラマのように思っていたけど、「そういえば俺ももう50過ぎてるわ」って思って（笑）。

坂井　だって大学の学食やカフェテリアなんかでもタバコは吸えましたもんね。

――吸えた。なぜなら成人だから（笑）。

坂井　そうそう。でっかいミートソースの空き缶みたいなのが灰皿として置いてありましたよね（笑）。

――通称ミート缶ね。いや、そうでしたよ。それで同級生の女のコたちも自分はタバコを吸わないのに隣に座ってキャッキャしゃべってくれてたよね。でね、もうひとつの「おまえ呼ばわり」問題ですけど、岡山出身の私に言わせると、「おまえ」っていうのは相手に親しみを込めた呼び方でしかないんですよ。「いや、おめえよ」みたいに呼ぶのって超仲良しの表明というか。でも東京に来てからそれを禁じられたんですよ。人のことを「おまえ」って言うのは失礼っていうルールだったから。

坂井　いや、そうですよねえ。

――あと電車通学のときなんか、電車の中でサラリーマンがタバコを吸ってたからね。

坂井　えっ、ウソでしょ？

――えっ、電車の中に灰皿もあったじゃん。

坂井　あっ、それは山手線とかじゃないでしょ？

――あ、岡山の話です（笑）。

坂井　たしかに田舎の電車とか新幹線の席で、いまはリクライニングするノブがついているところに灰皿がついてましたよ。

――引き出し式のやつがあったよね。でも山手線だってホームでは吸えたもんね。あとは飛行機とか映画館とかも。

坂井　たしかにどんなところでも全然吸え

ましたよね。だって当時はスマホがなかったから、タバコを吸わないと間が持たないしね。

――たしかに。いまって電車の中で新聞を読んでる人はゼロだもんね。

坂井　それ、こないだ伊集院光さんも言ってた。フジテレビに行くのにひさびさに電車移動したんですって。そのときに「スポーツ新聞を読んでるのが俺だけなんだよ」って。「なおかつ駅にスポーツ新聞が売ってないというか、キヨスクがないんだよ」って言ってて。

――浦島太郎だよ（笑）。

坂井　みたいな話を伊集院さんがしてたなあ。それで「でもスポーツ新聞からじゃないとインプットできないっていう人もいるんだよな」って言ってましたね。それは俺も新聞を読むからそうで、ネットニュースだとちょっと頭に入ってこないんですよね。重大さが伝わらないというか、新聞だと紙面での扱われ方や記事の大きさで物事の優先順位をつけられるんだけど。

――だから、いまの価値観で昔の事象を叩くみたいなことって多々あるじゃないですか。

坂井　たとえば雑誌のインタビューとかでの発言とかね。でもそれはテレビの生放送とかではないわけで、編集が前提になっているわけだからなあ。

――インタビュー中も聞き手とふたりしてタバコを吸ってただろうし（笑）。

坂井　たしかにそうですね（笑）。それとこの雑誌を何人のどういう人が買うかっていうのも全部わかっていて、影響力とかも把握したうえでやってるわけだからね。

――そうだよね。あと昔の話といえば、なんか地元にコンサートに来た芸能人やバンドとかにケンカを売るみたいな文化って新潟にはなかった？　で、「○○をボコボコにした」とか本当かどうかわからない地方伝説みたいなやつがあって。

坂井　あっ、そんな伝説いっぱいありますよ！

――あるよね？

坂井　余裕である。しかも実話。具体的な名前は言えないけど（笑）。

「人気者になったDJ松永がこの正月に新潟に帰省してきたらしいんですけど、いろいろと大変だったらしいんですよ」

――「○○に土下座させた」とか。あれってなんなの？（笑）。当時から「なんで有名人を殴るんだ？　なんの欲求だ？」ってわけがわかんなくて。

坂井　それで言うとね、さっき伊集院さんの例を出したばっかで恐縮なんだけど、まったく同じ時間帯に放送されてる『Creepy Nutsのオールナイトニッポン』を聴いてたらね、人気者になったDJ松永がこの正月に新潟に帰省してきたと。

――あの人って新潟なんだ？

坂井　長岡なんですよ。あの人は新潟県民のメンタルのまま東京に行って成功した稀有な人だから、帰ってくると地元の友達とかにもありがたがられて、いっぱいそういう席に呼ばれるわけなんですって。そうするとみんな30過ぎて自分の店を持ち始める人がいたりとか、「アイツ、ガールズバーを始めたらしいよ」「アイツ、会社をやってるらしいよ」「あの会社の社長と知り合いらしいよ」とか、そりゃいちばん楽しい時期ですよね。松永さんからは止まって見えるんだろうけど（笑）。だから帰省してみたら「やっと俺たちの時代が来たぜ！」みたいなヤツらの中に放り込まれて、死ぬほど居心地が悪い思いをしたっていうのを包み隠さずにラジオで話してて。

――なるほど。まあ、30過ぎあたりなら社会人としては初手の「やったるぜ!」だろうから、テンションも高めで。

坂井　そうそう。30過ぎてやっと形になってきたヤツらね。それで友達のひとりがオープンしたガールズバーに行ったらドンペリをどんどん入れてくれるんですって。それがてっきりサービスだと思ってたら、DJ松永が13万円を請求されたっていう話をしていたんですよ。

――うわ、最悪。

坂井　その会計中、それまで強気だったヤツらとかが酔いつぶれたふりをしてたって。それって昔の有名人が殴られるじゃないけど、まさに狩られる対象になっちゃってるんですよね。だから大変だなっていうか。

――成功者から巻き上げるっていうね。長岡の30過ぎてやっと形になってきたヤツらってだっせえなあ(笑)。

坂井　それでね、これは本当に誰も成功していない世界の話なんですけど、ちょうど井上さんに聞いてほしい悩みがあるんですよ。

――えっ、なんですか?

坂井　いまってもう新年会を自己責任でやってもいい時代じゃないですか。

――そんなの、やったらいいですよ。

坂井　じつはプロレスラーたちによるLINEグループがあって、そのグループには私とHARASHIMA先輩、ヤス・ウラノ先輩、あとは全日本プロレスの石川修司さんっていう、40代にしていまだ現役バリバリでやっている同世代の人たちが入ってるんですけど、自分からするとみんなちょっとずつ歳上なんですね。

――ほう。プロレスラーだけのLINEグループって普段どんなやりとりをしてるんですか?

坂井　基本的には各々がトレーニングをしたらそのグループに画像を送って、それをみんなで見て「えらい!」ってお互いに言い合ったりしているんですけど(笑)。

――それは励みになるだろうなあ(笑)。

坂井　それでね、今度1月末に私が東京に行くタイミングで、平日なんだけど夕方には仕事が終わるから、「じゃあ、その日にこのグループで新年会をやりましょう」って話になったんですよ。いちおう俺よりもキャリアがだいぶ上の選手たちなんですけど、これってどこで新年会をやったらいいのかなって。

――あっ、その店選びで悩んでいると。

坂井　そうそう。それでひとつルールがあって、そこは領収書を切らない自腹の割り勘なんですよ。やっぱりこのグループはあくまで水が清きところであってほしいから。

――愛という名のもとに(笑)。

坂井　そう(笑)。あっ、なんかいまオチましたよね? じゃあ、やっぱこの話はもういいや(笑)。

KAMINOGE COLUMN

No 134 KAMINOGE

次号 KAMINOGE135 は
2023 年 3 月 5 日（日）発売予定!

どこか立川流を彷彿とさせるSD!

2023 年 2 月 13 日
初版第 1 刷発行

発行人
後尾和男

制作
玄文社

編集
有限会社ペールワンズ
（『KAMINOGE』編集部）
〒154-0011
東京都世田谷区上馬 1-33-3
KAMIUMA PLACE 106

WRITE AND WRITE
井上崇宏
堀江ガンツ

編集協力
佐藤篤
小松伸太郎
村上陽子

デザイン
高梨仁史

表紙デザイン
井口弘史

カメラマン
タイコウクニヨシ
橋詰大地

編者
KAMINOGE 編集部

発行所
玄文社
［本社］
〒107-0052
東京都港区高輪 4-8-11-306
［事業所］
東京都新宿区水道町 2-15
新灯ビル
TEL:03-5206-4010
FAX:03-5206-4011

印刷・製本
新灯印刷株式会社

本文用紙：
OK アドニスラフ　W A/T 46.5kg